丛书编委会

大家精要
典藏版丛书

简读 李贽

张献忠 著

陕西师范大学出版总社 西安

图书代号　　SK24N1871

图书在版编目(CIP)数据

简读李贽 / 张献忠著 . — 西安：陕西师范大学出版
总社有限公司，2024.11
　　（大家精要：典藏版 / 郭齐勇，周晓亮主编）
　　ISBN 978-7-5695-4165-6

　　Ⅰ . ①简… Ⅱ . ①张… Ⅲ . ①李贽（1527-1602）—
人物研究　Ⅳ . ① B248.915

中国国家版本馆 CIP 数据核字（2024）第 027777 号

简读李贽

JIAN DU LI ZHI

张献忠　著

出 版 人	刘东风
策划编辑	刘　定　陈柳冬雪
责任编辑	陈君明
责任校对	郑若萍
封面设计	龚心宇　张潇伊
出版发行	陕西师范大学出版总社
	（西安市长安南路 199 号　邮编 710062）
网　　址	http://www.snupg.com
印　　刷	深圳市福圣印刷有限公司
开　　本	889 mm×1194 mm　1/32
印　　张	6.25
插　　页	4
字　　数	108 千
版　　次	2024 年 11 月第 1 版
印　　次	2024 年 11 月第 1 次印刷
书　　号	ISBN 978-7-5695-4165-6
定　　价	49.00 元

目 录

引言 /001

第 1 章　颠沛流离的一生 /006

乡试中举，仕宦生涯 /006

辞官弃家，耿李论战 /033

隐居龙湖，潜心著述 /043

颠沛流离，笔耕不辍 /050

通州被逮，荣死诏狱 /054

第 2 章　哲学和社会思想 /057

李贽对儒家思想的批判 /057

李贽的哲学思想 /063

李贽的社会思想 /076

第 3 章　政治经济思想 /089

李贽的政治思想 /089

李贽的经济思想 /099

第 4 章　文学思想 /105

文学的创作源泉和表现方法 /106

对通俗文学的肯定 /111

文学的功能 /115

在中国文学思想史上的地位及其影响 /118

第 5 章　史学思想 /122

李贽的进步史观 /123

《藏书》所反映的史学思想 /130

第 6 章　影响及其地位 /147

李贽思想在明代的传播及其影响 /148

李贽思想在清代的影响及其命运 /154

"五四"新文化运动以来李贽思想的传播 /162

李贽思想在海外的传播和影响 /170

附录 /184

年谱 /184

主要著作 /189

引　言

　　万历三十年（1602）五月初六，在京城一座关押朝廷钦犯的监狱里，一位胡须花白、面容憔悴的老者利用狱卒为他理发的时机，夺过剃头刀，割破自己的咽喉，顿时，血流遍地。狱卒问他："痛否？"他以指蘸血写道："不痛。"狱卒又问："你为什么自杀呢？"他又写道："七十老翁何所求！"次日子夜，这位老者与世长辞，享年七十六岁。

　　这位老者就是公然提出"不以孔子是非为是非"，并敢于"颠倒千万世之是非"的明朝著名"异端"思想家李贽。

　　李贽（1527～1602），号卓吾，又号宏甫，别号温陵居士，是明末杰出的思想家。李贽出生于福建泉州的一个航海世家，到他父辈时家道已经衰落。也许是因为海洋文化的浸润，养成了他强烈的自我主体意识和叛逆精神，李贽从小喜欢独立思考，绝不迷信任何权威，不盲从任何学说，用他自己的话说就是"自幼倔强难化，不信学，不信道，不信仙释，故见道人则恶，见僧则恶，见道学先生则尤恶"。正是这种独特的个性使他成为 16 世纪伟大的启蒙思想家。

李贽生活的明代中后期，商品经济得到了极大发展，尤其是东南沿海地区及长江三角洲地区，这些地方已出现了资本主义生产关系的萌芽。商品经济的发展，催生了一大批纯粹商业和手工业性质的城镇。这些新兴的城镇与明中后期前传统的城市不同：传统的城市主要是政治性的，居民以官僚和士大夫阶层为主；而新兴的城镇则是商业性的，是以经济和消费为中心，居民也以普通的市民阶层为主。商品经济的发展必然带来物质生活的丰富，社会上奢侈享乐、越礼逾制之风也因此愈演愈烈。在新的社会环境下，一方面金钱在社会生活中的作用急剧膨胀，出现了"金令司天，钱神卓地"的局面；另一方面，受封建伦理道德影响最深的封建官僚阶层自身呈现出严重的人格分裂，虽然他们开口闭口仍是大讲封建伦理道德，而实际行动上却与封建伦理道德的"重义轻利""立德、立功、立言"的人生价值追求和"修身、齐家、治国、平天下"的社会责任相违背。很多官员为了攫取财富，利用自身特权参与了商业活动，甚至出现了"官与贾无别矣，贾与官亦复无别，无官不贾，且又无贾不官"的局面。商品经济的冲击，统治阶层自身对道德的践踏与背叛，使儒家的正统思想面临着深重的危机。

中国从西汉董仲舒提出"罢黜百家，独尊儒术"以后，儒家学说就成为占统治地位的意识形态。到了宋代，出现了程朱理学，理学家又提出了"存天理，灭人欲"的伦理主张，对"人欲"大加挞伐，作为欲望主体的"自我"因此被扼杀，儒家学说日趋僵化。提倡禁欲主义的程朱理学，被作为明代的官方统治思想严格确定下来。但是这种以束缚人性、压制人欲为特征的道德价值体系存在的基础，一是相对贫乏的物质生活，二是专制政权对意识形态领域的严厉控制。而明中后期的社会思潮恰恰面临着这样一个难得的发展空间：经济发展、物质生活丰富；当时的明廷，由于皇帝的长期怠政，统治阶级内部激烈的党争，朝臣间的彼此倾轧，国家机器陷入半瘫痪状态，失去了运转的有效性。再加上阉党专权，不断爆发的农民起义，东北女真族的侵扰，内忧外患，使统治者无暇过多顾及思想领域的问题，这为思想的活跃提供了难得的历史机遇。

明中后期的皇帝大都比较有个性，而且长期不理朝政，这一点在其他朝代是很少见的。如嘉靖帝崇奉道教，好长生不老之术，整日幽居深宫，与方士一起炼丹，曾二十年不见朝臣。万历皇帝更是有过之而无不及。他十岁登基，在位四十八年，是明朝皇帝中在位时间最长的，实际掌权三十五年，其中有二十五年是闷在深宫，不见朝臣，不批奏章，长期怠政，以致造成了"官曹空虚"，很多部门长官或其他主要官员退了休而不补缺。到万历三十六年，仅中央六部尚书编制六人、侍郎编制十二人中，就缺尚书三人、侍郎十人，全国行政机构几乎陷入瘫痪。明熹宗也是个非常有个性的皇帝。作为堂堂的一国之君，他不仅不理朝政，还经常躲在深宫里干他钟爱的木匠活。皇帝的怠政虽然加剧了政治的腐败，但客观上却使专制统治特别是意识形态的控制有所松动。应该说，明中后期思想的活跃特别是大众文化的兴起与这种相对宽松的政治环境有关。

程朱理学的日趋僵化和明中后期商品经济的发展，使外在的"天理"对社会失去了约束力。为挽救传统道德所面临的危机，王守仁（因早年筑室阳明洞中，故学者称其为"阳明先生"）创立了"良知学"，亦称"阳明心学"，企图重建封建道德的权威。他提出"心即理""心外无物""求理于吾心"等命题，试图把传统的道德规范从外在权威转而内化成人的自然情感，其最终目的仍不外乎是"灭人欲，存天理"。但它把"心"提高到本体地位，从而在客观上突出了人的主体能动性，使整个社会思潮转向了"内醒"，转向了对尘世中人的内心的关注，使两千年来的传统意识形态出现了裂缝。其后王学不断发展，到了王守仁的学生王艮，则形成了"泰州学派"，已"非复名教所能羁络"，提出了"百姓日用即道"的命题，认为解决老百姓的穿衣吃饭问题才是真理。李贽正是循着这一裂缝，欲把传统的意识形态和专制制度掀个天翻地覆。

第 1 章

颠沛流离的一生

乡试中举，仕宦生涯

李贽六岁时丧母，父亲以教书勉强维持生计。七岁时，李贽开始跟随父亲读书，十二岁的时候，写了篇习作《老农老圃论》。在这篇文章中，李贽把《论语·子路》中"樊迟问稼"和《论语·微子》中"子路遇荷蓧丈人"两段内容结合起来，讽刺了鄙视农业劳动的孔子，赞扬了关心农事的樊迟。为同学们所钦佩和赞叹。"樊迟问稼"的原文如下：

樊迟请学稼，子曰："吾不如老农。"请学为圃，曰："吾不如老圃。"樊迟出，子曰："小人哉，樊须也！上好礼，则民莫敢不敬；上好义，则民莫

敢不服；上好信，则民莫敢不用情。夫如是，则四
方之民，襁负其子而至矣，焉用稼！"

《老农老圃论》主要是针对这段话而写的。这段话的大体内容是：樊迟问孔子如何种庄稼和蔬菜，而孔子在背后骂樊迟是小人，因为樊迟明知孔子对农业一窍不通，还要提问，在孔子看来，这就如荷蓧丈人嘲讽他"四体不勤，五谷不分"一般，因此孔子不能容忍，故骂樊迟为"小人"。

在封建社会，孔子是读书人顶礼膜拜的"圣人"，是绝对的权威，因此在传统的教育中，对于"樊迟问稼"都遵循孔子的"圣训"，批评樊迟，认为耕地种菜不是读书人该做的事，当然樊迟也就不该提问。然而，李贽从小就喜欢独立思考，绝不遵从任何权威，他的这篇文章就充分显示了他的叛逆精神，是他"异端"思想的萌芽。

作为长子，李贽理应走"学而优则仕"的道路，无奈明代科举考试规定只能从"四书""五经"中出题，而且作文只需依照朱熹的传注"代圣贤立言"，这就剥夺了读书人独立思考的权利，对于有着强烈自我意识的李贽来说，简直就是活受罪。他越是读书，越是思考，就越觉得朱熹的话漏洞百出，甚至是一派胡言，他简直就想把"四书""五经"付之一炬。但是，家庭的重负不允许他意气用事。

二十岁时，李贽和黄氏结婚。这时候，父亲已经年纪大

了，身体日趋衰弱，弟兄姊妹八个人，也大都到了谈婚论嫁的年龄。成家后的李贽自然应当挑起家庭生活的重担。婚后不久，李贽就不得不为了生活四处奔波。他曾在给好友焦竑的一封信中说："弟自弱冠（古代男子年至二十，便要在宗庙中行加冠礼，表示已经是成年人了，但体犹未壮，故称'弱冠'）糊口四方，靡日不逐时事奔走。"

为了养家糊口，为了支撑起这个家庭，李贽也要在举业上一搏。于是他想出了一条捷径，就是反复揣摩当时的八股文，选择那些词句尖新的八股文范文，"日诵数篇"。嘉靖三十一年（1552），李贽参加了福建乡试，这时，他已经背熟了五百余篇八股文。考试时，李贽将这些烂熟于胸的八股文移花接木，连缀成文，结果顺利过关，成为举人。这年他二十六岁。

在明代，乡试中举后就获得了做官的资格。但到明代中叶之后，举人出任的官不仅职低权轻，一般都是县学教谕（从九品），而且还要等到有了"官缺"后才能有机会替补，甚至还不能保证个个都有官做。因为这时举人数量日趋增加，而官位就那么多，僧多粥少，分配不过来。

不过，举人即使不当官，仍属乡绅之列，拥有特殊的政治、经济地位，在民间享有极高的权威，是"一邑之望""四民之首"。特别是明代中后期，乡绅势力极盛，其把持官府，包揽词讼，兼并田产，横行乡里，欺压百姓，是地方上相当普遍的现象。清人顾公燮所著的《消夏闲记摘抄》中说，明朝士子一旦中举，报信的人大都拿着短棍，"从门打入厅堂"，"窗户尽毁，谓之'改换门庭'"；工匠则紧随其后，"立刻修整，永为主顾"；接着，"有通谱者，招婿者，投拜门生者，乘其急需，不惜千金之赠"，以求得庇护。举人的社会地位由此可见一斑。

但是，李贽之所以参加科举考试，看重的不是这些，而是为了养家糊口。由于对程朱理学深恶痛绝，李贽决定不再参加会试，想在离家近的地方谋得一官半职，以便照顾家庭。嘉靖三十四年（1555），李贽的长子病死。在苦苦候补三年后，李贽被任命为河南辉县教谕。然而李贽非但没有任何欣喜之情，反而顿生忧虑，特别是年迈的父亲，更是他心中的牵挂。后来，李贽在回忆起他接到任命书的心情时说："吾初意乞一官，得江南便地，不意走共城（辉县）万里，反遗父忧。"刚刚经历了丧子之痛，如今又要离开父亲和妻子儿女，远赴数千里之外的偏僻小邑，李贽因此忧心忡忡。但转念一想，辉县虽然偏远，可那是北宋大学问家李之才做官的地方，而且易学大家邵雍曾不远千里从洛阳前往辉县向李之才求学问道，并长期隐居于此。在邵雍的精神感召下，李贽变得超然起来，决定效仿邵雍，"苦志参学"，以求闻道。为此，李贽到达辉县后，在县城西北百门山建舍安家。这里环境清静优雅，遍山清泉，又名百泉门，李贽因此自谓"百泉人"，又号"百泉居士"。这里也是昔日邵雍居住的地方。遗憾的是，当时的辉县已经没有李之才、邵雍之辈了，更何况李贽也不是邵雍：邵雍无经济之忧，无家室之累，可以潜心求道，而李贽则不得不"假升斗之禄以为养"，数千里之外的父亲和妻儿更是他心中的牵挂。他的思想和"自幼倔强难化"的性格也使他和上司合不来，正如他所说的"为县博士，即与县令提学触"。实际上李贽没有时间也没有心情学道，结果在辉县做了五年的学官，"落落竟不闻道"。

嘉靖三十九年（1560），李贽被选调南京国子监任教。南京是文人荟萃之地，而且离家也近了，这下，李贽可以求学问道了，也方便照顾家人，他还曾想将父亲接到身边以尽孝道。然而，上任仅两三个月，就传来了父亲病逝的噩耗，李贽匆匆南下回家奔丧。明代规定，官吏在父母或祖父母去世后，必须回乡守孝三年。三年后，李贽又要到礼部报到，等待重新安排官职。或许是儿子和父亲先后离世对李贽打击太大，他不忍再抛妻别子，于是带着家眷来到了北京。在北京，李贽又等了十个多月，才得到了北京国子监博士的职位。这期间，李贽的积蓄都花光了，只得以给人做家庭教师维持生计。刚就职没几天，灾祸又一次降临到李贽的头上，他的祖父和次子先后去世，李贽只得把妻女安置在河南辉县后再次回老家奔丧。当年，河南辉县发生了灾荒。

嘉靖四十五年（1566），为祖父守孝三年后，李贽到河南辉县去接妻女。这时，他才知道自己回家守孝几个月后，二女儿和三女儿相继饿死；若不是李贽的好友邓石阳解囊相助，或许妻子和大女儿也已经不在人世了。相聚的那一夜，夫妻秉烛相向，欲哭无泪。

几年内，五位亲人相继离开人世，李贽精神上遭受了沉重打击，特别是两个女儿竟然被活活饿死，更是深深触动了他的思想。他本来就厌恶那些满口仁义道德的道学先生，经历了一连串的不幸事件后，李贽对"存天理，灭人欲""饿死事小，失节事大"之类的空洞说教更是深恶痛绝。亲人的死使他的心灵受到强烈震撼，并产生了对死亡的恐惧，由此促使他思考生死问题。这既是他求学问道的原动力，也是最终目的。李贽深深地认识到：穿衣吃饭、百姓日用这些人类的自然欲求才是"天理"，才是世间最大的"道"。

李贽回到河南之后，很快就病倒了。时值盛夏，李贽决定搬到白云山的白云寺居住，一是为了养病避暑，但更重要的是借山水排解心中的悲苦。在白云山的这段日子里，好友邓石阳经常来看他，其他好友如赵永亨、陈总、张士允、张世乐、傅坤、王明斋等也经常光顾白云寺，他们或切磋棋艺，或对酒赋诗，或纵情论道，或寄情山水。李贽突然感觉到前所未有的超脱。十余年来，为了支撑起这个家庭，李贽奔走南北，如今父祖先后故去，兄弟姊妹也已经成家，自己也已经到了不惑之年，是应该为自己活了。这时，李贽已萌生了归隐的想法。下面的两首诗颇能反映李贽当时的心境。

相访过山寺，题诗欲满山。野人惊瘦病，仙客喜开颜。落笔天将暮，举头叶可攀。行吟出树下，云在意俱闲。

世事何纷纷，教予不欲闻。出郊聊纵目，双塔在孤云。雨过山头见，天晴日未曛。骑驴觅短策，对酒好论文。

在这两首诗里，没有尘世的纷扰，没有官场的应酬，有的只是山寺、高耸云间的双塔、举头可攀的绿叶以及二三同好对酒论文、寄情山水的惬意，俨然一幅归隐图。

但是，李贽还不能归隐，因为他还得"假升斗之禄以为养"。做了几年的教官，李贽一点经济基础都没有。本来从九品的教谕俸禄就极其微薄，他又不像其他官吏，虽官俸低但贪污受贿所得颇丰，加之多次往返于河南、泉州以及北京之间，为父祖操办丧事，李贽不仅一点积蓄都没有，还要靠朋友接济。更何况，李贽还要求道，为此要求"胜己之友"，而河南辉县这个地方没有大学问家。

这年秋天,李贽在接到吏部的通知后,携妻女前往北京出任礼部司务(从九品)。礼部司务负责该部的杂务,是一个地位低收入少的穷差事。当时就有人劝他辞官,有了好的官缺再去上任。然而,李贽有自己的想法。他虽然还得"假升斗之禄以为养",但与前些年相比,家庭的负担轻了。前些年是为家庭、为生活而奔波,无暇求道,而现在他志在求道。因此,李贽说:"吾所谓穷,非世穷也。穷莫穷于不闻道,乐莫乐于安汝止。吾十年余奔走南北,只为家事,全忘却温陵、百泉安乐之想矣。吾闻京师人士所都,盖将访而学焉。"李贽所看重的不是官职的大小和财富的多寡,而是看重京城的人文环境,看重访学问道。李贽认为,最大的贫穷乃是不闻道,不闻道则无见识和骨力,"无见识则是非莫晓,贤否不分,黑漆漆之人耳,欲往何适,大类贫儿,非贫而何?无骨力则待人而行,倚势乃立,东西恃赖耳,依门傍户,真同仆妾,非贱而何?"

李贽对贫富贵贱的认识还体现在他当时所作的《富莫富于常知足》一诗中:

富莫富于常知足,贵莫贵于能脱俗;贫莫贫于无见识,贱莫贱于无骨力。

身无一贤曰穷,朋来四方曰达;百岁荣华曰夭,

万世永赖曰寿。

见识和骨力，实际上就是一种自我意识，是一种不依傍于他人的独立的人格。此前，虽然李贽也一直在追求自我，但是其前半生基本上被束缚于儒家伦理的锁链之中：遵循儒家礼教，他为父亲守孝三年，又为祖父守孝三年，不得不为此而几度南北奔波；遵循儒家伦理，他为弟弟娶了媳妇，为妹妹办了嫁妆，使他们各得其所，安居乐业……为了在传统的伦理关系中扮演一个尽伦尽职的角色，他不得不奔竞于官场，谋一官半职，以便有能力承担起对家族的义务。尽管对弟妹尽为兄的责任是合理的，但儒家伦理、官场氛围实在是太压抑人了，使得他的前半生几乎丧失了自我。

任礼部司务的五年，李贽结交了很多知名的学者，这一时期是他学道的入门阶段。当时，阳明之学风行海内，弟子遍天下，讲学之风盛行。北京尤其如此。内阁首辅徐阶就是阳明学的信徒，他也是讲学的大力提倡者。李贽上任后，很快就与同在礼部任职的李逢阳、徐用检成为朋友。李、徐二人都是阳明学的信徒，他们二人常随赵大洲讲学。赵大洲是泰州学派王艮的再传弟子，嘉靖、隆庆年间官翰林，与四方豪杰讲习，挞伐俗学，发明本心，以天下为己任。一日，徐用检又去从赵大洲讲学，约李贽一起去，起初李贽不肯去，徐用检乃"以手书《金刚经》示之曰：'此不死学问也，公亦不讲乎?'（李）贽始折节向学"。李逢阳、徐用检还经常向李贽讲王守仁和其学生王畿的思想，引导李贽读他们的著作。

王守仁曾将自己的学说概括为"四句教"："无善无恶是心之体，有善有恶是意之动，知善知恶是良知，为善去恶是格物。"实际上是借用禅宗的修行方式去"致良知"。王畿进而提倡"四无说"，认为"心是无善无恶的心，意是无善无恶的意"，无须去"格物"，更加强调了心性，禅学色彩亦更加浓厚，这一点对李贽的影响很大。

这一时期，经李逢阳介绍，李贽还结识了王守仁的再传弟子李材，后来他在《答李见罗先生书》中说："昔在京师时，多承诸公接引，而承先生接引尤勤、蒙启蔽，时或未省，而退实沉思。既久，稍通解耳。师友深恩，永矢不忘。"在北京的五年，李贽潜心王学，吸收了王学中的积极思想。

王守仁（1472~1528），字伯安，号阳明，浙江余姚人。他早年也曾信奉程朱理学，"遍读考亭（朱熹）之书"。朱熹曾说："众物必有表里精粗，一草一木，皆涵至理。"正好父亲官署中有一片竹林，王守仁就按照朱熹格物致知的思想去做格竹子的功夫，但一连七天，不但"沉思不得其理"，反而得了一场大病。王守仁从"格"竹子的教训中，明白了"天理"不是外在的。他说："先儒解格物为格天下之物，天下之物如何格得？且谓一草一木亦皆有理，今如何去格？纵格得草木来，如何反来诚得自家意？"在他看来，朱熹的格物致知只会析心与理为二，使主观之心与客观之理不能统一；他还认为，由于朱熹主张只在"格物"上下功夫，而不注重身心修养，遂造成其后学在道德修养方面的知行脱离，以为必先知了，然后能行。这种支离割裂的学术之弊是明中后期士风日下、道德沦丧的罪魁祸首。

在对程朱理学批判的基础上，王守仁把儒家思想与佛教禅宗思想结合起来，提出了"心即理""知行合一""致良知"等思想，创立了他的心学体系，进而形成了阳明学派。王守仁指出，"天下无心外之事，无心外之理"，"物理不外吾心，外吾心而求物理，无物理矣"。《传习录·下》中有一片段是对"心即理"的形象化的注解："先生游南镇，一友指岩中花树问曰：天下无心外之物，如此花树，在深山中自开自落，于我心亦何相关？先生曰：你未看此花时，此花与汝心同归于寂。你来看此花时，则此花颜色一时明白起来，便知此花不在你的心外。"在知与行的关系上，王守仁从"天地万物本吾一体"出发，反对朱熹的"先知后行"论，提出了"知行合一"的论断。其目的在于"发动处有不善，就将这不善的念克倒了，需要彻根彻底，不使那一念不善潜伏在胸中"。"致良知"是对"知行合一"说的深化和发展，也是其学说的核心。王守仁指出："吾生平讲学，只是'致良知'三字。""良知"就是天理，是心之本体，"致良知"无须外求，只需从心性上作为善去恶的修养工夫就可以了。从这一认识出发，王守仁指出："夫学贵得之于心，求之于心而非也，虽其言之出于孔子，不敢以为是也，而况其未及孔子者乎！求之于心而是也，虽其言之出于庸常，不敢以为非也，而况其出于孔子者乎！"王守仁的这一论述客观上起了打破偶像崇拜，发展个性，解放思想的作用。李贽正是沿着这一路径，鲜明地提出了"不以孔子是非为是非"的论断，彻底打破了孔子的权威。王守仁还曾说过"良知良能，愚夫愚妇与圣人同""人胸中各有个圣人""满街人都是圣人"之类的话。他甚至说："与愚夫愚妇同的，是谓同德；与愚夫愚妇异的，是谓异端。"表面上看，王守仁认为"良知"面前人人平等，但他又说："唯圣人能致良知，而愚夫愚妇不能致，此圣愚之所由分也。"而李贽则从王守仁的这些论述中引出了平等思想，剔除了其消极内容。

相比于程朱理学那套陈腐僵化的学说，阳明心学显然对李贽有着极大的吸引力，因为他从中发现了人的主体性。李贽在读了王阳明和王畿的著作后说："不幸年甫四十，为友人李逢阳、徐用检所诱，告我龙溪先生语，示我阳明王先生书，乃知得道真人不死，实与真佛真仙同，虽倔强，不得不信之矣。"可见，这时的李贽是阳明心学的崇拜者，他还称王守仁是"千古大圣人所当学，所当让德，所当让才"。从任职礼部司务起，李贽才算真正接触到明代的新思潮，真正接触到了当时的思想界精英，这为他后来成为著名的启蒙思想家奠定了思想基础。

在北京的五年里，还有一件事对李贽影响很大，就是他直接认识和了解了张居正。李贽任礼部司务期间，张居正也在礼部，先后任礼部右侍郎和礼部尚书，是李贽的上司，工作上的接触肯定不少。李贽对张居正一直比较推崇。张居正死后，明神宗以"纯任霸术""专恣擅权"的罪名对他抄家灭族，并废弃了大部分新法。但李贽却在朝野上下几乎无人敢为张居正鸣不平甚至即使是门生故旧都欲与张居正划清界限的政治情势下，公然称张居正为"宰相之杰""吾师也"，是"大有功于社稷者"。对张居正的这种好感，一方面源于任职礼部期间对他的了解，但更重要的是源于李贽注重社会功利的进步的历史观。

虽然在北京的五年李贽在闻道上颇多收获，但他那天生不愿受人管束的个性却使他和上司不断发生冲突，他说："司理曹务，即与高尚书、殷尚书、万侍郎尽触也。"李贽厌倦了朝中的尔虞我诈，现在他一心扑在学道上，很想找一个既清闲又是学者荟萃的地方，以便潜心学道，而南京就是这样一个地方。明成祖迁都北京后，南京称留都，仍保留了一套中央行政机构，除了没有皇帝之外，其他各种官僚机构的设置完全和北京一样。虽同有一套职官，但大都是闲职，其职权远不如北京的中央机构。但是，南京的学术文化气氛比北京还要自由，还要活跃，李贽正是看中了这一点，于是"乞就留都"，结果被调任南京刑部员外郎（从五品）。

隆庆五年（1571），李贽从北京来到了南京。在南京的六年是李贽思想开始发生较大变化的时期。来到南京之后，李贽先后结识了焦竑、耿定向和耿定理兄弟。这三个人从不同的方面对他的思想产生了重要影响。

焦竑（1540~1620），字弱侯，号澹园，又号漪园，人称澹园或漪园先生、焦太史，江宁（今江苏南京）人。十六岁考中秀才第一名，入应天府学读书。嘉靖四十一年（1562），耿定向督学江南，命其为崇正书院的学长，甚至还让其代为掌教席。焦竑因此成为耿定向的门徒，名声因之大振。嘉靖四十三年中举，万历十七年（1589）中状元，官翰林院修撰。万历二十五年，任顺天乡试副主考官，为录取举人曹蕃等九人，受到项应祥、曹大成诬陷。焦竑写了《谨述科场始末乞赐查勘以明心迹疏》进行争辩，权臣张位却置之不理。事后，焦竑被贬官，降为福宁州同知。万历二十七年，因不满于官场的尔虞我诈，愤然辞官归家。

焦竑自幼博览群书，"自经史至稗官、杂说无不淹通"，且好交游。早在入仕以前，他便被士人推许为"士林祭酒"，有"一代儒宗"之称。李贽刚到北京任礼部司务时，便听说南京有个叫焦竑的年轻的大学问家。李贽一生都在求"胜己之友"，自此开始心仪焦竑，三年后两人初次见面就一见如故。到南京后，两人更是"朝夕促膝"，互相切磋学问，遂成莫逆之交。

　　李贽和焦竑都是性情中人，都喜欢独立思考，反对亦步亦趋拘泥于程朱理学。正是基于这一点，他们二人思想有许多相通的地方。李贽不以孔子的是非为是非，焦竑也对孟子多有不敬之词，而对儒家极力诋毁的杨朱、墨子，特别是佛学推崇有加。焦竑还提倡以释解儒，认为只有佛学义理才是"截疑网之宝剑""释氏之典一通，孔子之言立悟，无二理也"。对汉宋诸儒的注疏，焦竑认为"不通于理"，是糟粕，它禁锢了知识分子的思想，必须予以剔除。焦竑公然否定汉儒宋儒对儒家经典解释的正统地位，在这一点上，他和李贽的思想是相通的。

　　在治学方法上，李贽反对"践迹"，即踩着前人的足迹走；反对"执一"，即以既定的权威是非价值标准评论历史，裁量历史人物。焦竑强调做学问要靠自悟自证，反对依傍门户以增声势。他呼吁："学道者当尽扫古人之刍狗，从自己胸中辟取一片乾坤，方成真受用，何至甘心死人脚下？"表现出了强烈的主体意识。

正是由于二人志趣相投，思想又比较一致，所以能够互相学习，互相影响。清人纪晓岚说："竑师耿定向而友李贽。于贽之习气沾染尤深，二人相率而为狂禅。贽至于诋孔子，而竑亦至尊崇杨、墨，与孟子为难。""其讲学解经，尤喜杂引异说，参合附会。如以孔子所云空空及颜子之屡空为虚无寂灭之类，皆乖迕正经，有伤圣教。盖竑生平喜与李贽游，故耳濡目染，流弊至于如此也。"显然，纪晓岚站在儒家立场上对李贽和焦竑的评价，反映了李贽的思想对焦竑的影响，但有失片面。实际上，二者的影响是相互的，焦竑对李贽的影响也不容忽视，甚至在早期要大于李贽对焦竑的影响，李贽自己就曾直言不讳地说："宏甫之学，虽无所授，其得之弱侯者，亦甚有力。"李贽虽然长焦竑十三岁，但闻道较晚，到北京做礼部司务后才开始有精力读书求道，才有机会接触当时学术界特别是阳明学的精英，而焦竑自幼博览群书，又得名师提携，交游广，这时虽仍未中进士，但已经名声大振了；因此，在南京期间，李贽受焦竑的影响大于他对焦竑的影响也就是自然而然的了。

耿定理（1534~1577），字子庸，号楚腔，世称八先生，湖北黄安（今湖北红安）人，耿定向的弟弟。耿定向

（1524~1596），字在伦，号楚侗。嘉靖三十五年（1556）进士。曾任都察院右副都御史、刑部左侍郎、户部尚书等职。与定理、定力一起居天台山，创建书院，讲学授徒，潜心学问，学者称天台先生。

和李贽一样，耿定理自幼不愿盲目遵从程朱理学的权威，认为那样便是"有眼瞎子"。小时候，父亲让他读朱熹注疏的"四书""五经"他常常一个人跑到荒山空谷中，冥思苦想，觉得朱熹的那一套理论"不知所出"。于是，他绝了科举仕进之意，从此，他"或静坐一室，终岁不出；或求友访道，累月忘归"。曾以邓豁渠、何心隐为师，得泰州学派之旨趣。耿定理淡泊功名利禄，喜过一种闲云野鹤式的无拘无束的生活。耿定理与人论学时，话虽不多，但经常是"当机指点"，往往能使人豁然开朗。

李贽和耿定理的相识颇有意思。那是隆庆六年（1572）的春天，耿定向到南京求友访道。一日，李贽正和几个志同道合的朋友在一起论学，恰逢耿定理来访，遂加入进来。此时，李贽正在高谈阔论，起初耿定理一言不发，待到关键处，他突然发问："学贵自信，故曰：'吾斯之未能信。'又怕自是，故又曰：'自以为是，不可与入尧舜之道。'试看自信与自是有何分别？"李贽应声而答："自以为是，故不可与入尧舜之道；不自以为是，亦不可与入尧舜之道。"耿定理顿觉李贽"终可入道","遂大笑而别"。自此，二人成为知己。在结交焦竑之后，李贽结识了又一个"胜己之友"。耿定理去世后，李贽悲痛地写道："我是君之友，君是我之师。我年长于君，视君是先知！"由此也可以看出李贽确实将耿定理看作"胜己之友"。

耿定理是和其兄耿定向一起去南京的，因此，李贽在结识耿定理的同时，自然也就结识了耿定向。李贽的思想虽然与耿定向有很大差异，并最终导致了后来的耿李论战，但正是耿李论战促使李贽的思想日趋深刻和成熟，并迅速传播开来，使李贽在思想界名声大噪。从这个意义上说，耿定向对李贽思想的影响比焦竑和耿定理的影响都要大得多。

在南京为官期间，李贽还结识了王畿以及泰州学派的罗汝芳、王襞等知名学者。李贽后来回忆说："我于南都得见王先生者再，罗先生者一……自后无岁不读二先生之书，无口不谈二先生之腹。"

罗汝芳（1515~1588），字惟德，号近溪，江西南城人，曾就学于颜钧，是泰州学派的著名代表人物。嘉靖二十二年（1535）进士，先后担任过太湖知县、宁国知府、参政等职。

罗汝芳思想的核心是"赤子之心"。他认为，人生下来是个赤子，赤子之心就是未受世俗影响的人的本心，是"不学不虑"，与生俱来的。罗汝芳还认为，圣人是由赤子之心扩充而成，人人都有赤子之心，故人人皆有可能成为圣人。正是受到罗汝芳"赤子之心"的启发，李贽提出了著名的"童心说"。

王襞（1511~1587），字宗顺，号东厓，王艮次子。他继承父业，终身不仕，从事讲学活动。王襞尚自然，认为良知本自现成，如饥来吃饭、困来睡眠般自然，不假外求。要致良知，只要保持心灵的空寂，使其不被障蔽就可以了。

总之，李贽在南京的几年，接触的几乎都是阳明学派的大师级人物（耿定理、耿定向兄弟以及焦竑也都是阳明学的信徒），这些人对他的思想产生了很大的影响。特别是泰州学派，李贽更是直接从中汲取了思想营养：受王艮"百姓日用即道"的影响，李贽提出了"穿衣吃饭即人伦物理"；受罗汝芳"赤子之心"的影响，李贽创立了"童心说"；李贽的"自然之性，乃是自然真道学""学贵为己，务自适""率性而行"等思想则是对罗汝芳、王襞等心性之学的进一步发挥；而李贽狂狷豪放的性情更是深受泰州学派的影响。李贽称赞泰州学派的创始人王艮及其门徒徐樾、颜钧、赵大洲、邓豁渠、罗汝芳、何心隐等个个都是"英灵汉子""一代高似一代"。

李贽之所以格外推崇泰州学派，主要在于他们没有正统儒学严格的道统观念，能够不拘师说，甚至"往往驾师说之上"，超越了阳明学派，发展出许多新的思想：泰州学派更加关注普通百姓的生活，认为"百姓日用即道"，把高高在上、玄虚的道德观念拉回到普通百姓的日常生活中，承认人的欲望，在道德世俗化方面迈出了一大步；受佛家禅宗的影响，泰州学派强调人的心性的主体地位，更加关注作为生命个体的"自我"；从王阳明的"人胸中各有个圣人""满街人都是圣人"，泰州学派发展出了"人人皆可成圣"的朴素的平等观念。这几个方面，与其说是对阳明心学的继承和发展，不如说是对他的反动。对此，明末清初的大思想家黄宗羲有着清醒的认识，他说："阳明先生之学，有泰州（王艮）、龙溪（王畿）而风行天下，亦因泰州、龙溪而渐失其传。泰州、龙溪时时不满其师说，益启瞿坛之秘而归之师，盖跻阳明而为禅矣……传至颜山农、何心隐一派，遂复非名教之所能羁络矣。"跻身禅学，"非名教所能羁络"实际上已经走上"异端"的道路了。泰州学派这些思想正好契合了李贽"自幼倔强难化，不信学，不信道，不信仙释"的追求独立的思想和反叛精神。但是，泰州学派并没有继续走下去，他们中的绝大多数依然尊奉孔子，如王艮不仅在讲学中阐发孔子的学说，而且经常头戴代表封建纲常的纸糊的"五常冠"，手持写有"非礼勿视，非礼勿听，非礼勿言，非礼勿动"的笏板周游四方，传道讲学。李贽则不同，他公然以

"异端"自居，提出不以"孔子之是非为是非"，从而"颠倒千万世之是非"，他要把孔子拉下儒家道统的"神坛"，把传统的儒家意识形态和专制制度掀个天翻地覆。

在南京期间，李贽开始登坛讲学。李贽虽然在北京任礼部司务时就接触了王学，到南京后更是接触了许多学界精英，切实融入了当时的学术界。但是在北京和初到南京时，李贽还处于学习阶段，处于思想爆发前的知识积累期，还未能形成自己的思想或者说是他的思想还不成熟。李贽自己也曾说过自幼读孔子的书而不懂孔子的书；尊奉孔子，却不知道孔子有什么地方值得尊崇。他把自己这种思想状态称作是"矮子观场，随人说妍"，就是说自己像矮子看戏，只是跟在别人后面叫好的应声虫而已。李贽还说自己"五十以前，真一犬也。因前犬吠形，亦随而吠之。若问以吠声之故，正好哑然自笑也已"。可见，李贽真正形成自己独立的思想是在五十岁以后，即离开南京前的一两年。也就是在这时，李贽不再满足于一味听别人讲学论道，自己开始登坛宣讲自己的思想。

一天，李贽聚友讲学，一位同僚对他说：我辈都是读书人出身，岂不明白义理，难道还用得着你讲吗？言外之意是说我们都是饱读"四书""五经"、深明儒家义理的进士，难道还要听你一个举人讲学？李贽也不无嘲讽地答道："君辈以高科登仕籍，岂不读书？但苦未识字，须一讲耳。"其人大为不解，"怪问其故"。李贽回答说："《论语》《大学》岂非君所尝读耶？然《论语》开卷便是一个'学'字，《大学》开卷便是'大学'二字，此三字吾敢道君未识得，何也？此事须有证验始可。如识《论语》中'学'字，便能悦、乐、不愠，说'大学'二字，便能定、静、思、虑，今都未能，如何自负识得此字耶？"听了李贽的回答，"其人默然不能对"。李贽这一番极富思辨和启发性的论说，使一个个进士出身的同僚刮目相看。

在讲学中，李贽已经表现出自己独特的"异端"思想了。据当时的东林党人史孟麟讲，李贽讲学时，"全以当下自然指点后学，说个个人都是见见成成的圣人，才学便多了。闻有忠节孝义之人，却云都是做出来的，本体原无此忠节孝义"。

在南京时，李贽开始研读《老子》，并开始接触佛学。从老子的思想中，李贽受到了很多启发，他开始用老子的思想反观儒学，阐释（实际上是解构）儒家经典，经常是别有一番洞见。下面的一件事颇能说明《老子》对李贽思想的影响。

万历初年（1573），李贽已经在学界有一定的名气了，经常有人来访学问道。万历二年，耿定向的两个弟子潘士藻、祝世禄来南京拜访李贽。一日，李贽和潘、祝等人聚在一起论学，其中一人大谈"四勿"（非礼勿视，非礼勿听，非礼勿言，非礼勿动）之道，李贽当即打断他的话说："只此便是非礼之言！"众人皆愕然。李贽接着说："人所同者谓'礼'，我所独者谓'非礼'，学者多执一己定见，而不能大同于俗，是以入于非礼也。"接着，李贽又指出，颜渊的"四勿即四绝也，即四无也，即四不也。四绝者，绝意、绝必、绝固、绝我是也。四无者，无适、无莫、无可、无不可是也"，"四不者"，"不见、不动、不言、不显是也"。"四绝"显然来源于老子的"绝圣弃智"说，而"四无"则源于老子"无为而治"的思想。李贽还进一步对"礼"作了自己的老子化的阐释："盖由中而出者谓之礼，从外而入者谓之非礼；从天降者谓之礼，从人得者谓之非礼；由不学、不虑、不思、不勉、不识、不知而至者谓之礼，由耳目闻见、心思测度、前言往行、仿佛比拟而至者谓之非礼……"在李贽的思想里，"礼"是发乎情性，顺乎自然，是以个人心性的自由自在为依归的。一切有悖于人的心性自由的外在规范都是"非礼"。李贽对"礼"的阐释，是"童心说"的先声。

在南京期间，李贽对官场没有多大兴趣，"惟知有性命之学"。但是，官运似乎很眷顾他，万历四年（1576），李贽由员外郎升为郎中（正五品）；次年，李贽又获升迁，出任云南姚安知府（正四品）。明代重进士，对于举人出身的读书人来说，正四品的知府可谓官尊位显了。但是，李贽是一个追求自由的人，对于当官他没有多大兴趣，他在赴姚安时，路经黄安，见到了好友耿定理，便产生了弃官留住的想法，只是为了生计不得不去赴任，于是李贽便想将妻子黄氏以及女儿女婿留在耿家，但是妻子执意要与李贽同往。妻子之所以如此，一是她知道丈夫的个性，担心他留恋云南的山水或是只顾学道而不再回来。李贽的好友顾养谦也曾说到这一点："盖先生居常游，每适意辄留，不肯归，故其室人患之，而强与偕行至姚安。"二是担心丈夫的健康和安全。李贽本来身体就不好，姚安又地处万里之外的边陲，经常发生少数民族的叛乱，妻子怎能放心得下？李贽只得携妻奔赴姚安。临别时，他和耿定理约定："待吾三年满，收拾得正四品禄俸归来为居食计，即与先生同登斯岸矣。"所谓的"同登斯岸"，就是共同论学论道，就是摆脱官场的羁绊和世俗的纷扰，潜心悟道的超然境界。有了一定的经济基础，才能过一种真正身心独立自由的生活，才能达到超然的境界。明代，官吏退休后在俸禄上可享受与在职时的同等待遇，所以李贽此时便已决定三年"收拾得正四品禄俸"后辞官。

姚安属于少数民族聚居地区，为古哀牢国之地，自古以来就是中原王朝征服西南"蛮夷"的战略要地。东汉光武年间归附后，置永昌郡统之，自此之后，叛服无常。明朝洪武年间，设姚安府，但仍然骚乱不已。万历元年（1573），这里刚经过一场战乱。万历五年李贽来到姚安后，看到的仍是满目疮痍、民不聊生的凄惨景象，悲愤之余，写下了这样一副对联：

> 从故乡而来，两地疮痍同满目；
>
> 当兵事之后，万家疾苦总关心。

李贽本来就反对对少数民族的强力征服政策，认为少数民族地区之所以经常发生叛乱，大都是因为地方官吏不顾当地的实际情况，为捞得"政绩"，一味自以为是，将汉族统治者统治汉人的那一套强加在少数民族头上所致。李贽到任后，一改过去朝廷实行的高压政策，将"无为而治"作为自己的施政纲领，"一切持简易，任自然"，实际上就是顺从和尊重当地少数民族的习俗，"因俗而治"。李贽还注重修桥铺路等事关地方百姓的公益事业。对于属下，李贽也是体恤有加，认为"仕于此者，无家则难住；携家则万里崎岖而入……尤不可不体念之"。因此，李贽对他们从不求全责备，但有一能，就予以重用。

李贽还将其"持简易，任自然"的政治思想从理论上作了进一步的阐释和发挥。这反映在他为其僚属姚州知州罗琪所作的《论政篇》中。在这篇文章中，李贽明确提出道非一途，性非一种，主张"因性牖民"，并在此基础上区分了"君子之治"与"至人之治"：君子之治本诸身，至人之治因乎人；本诸身者，取必于己；因乎人者，恒顺于民。君子之治欲整齐划一，有条教之繁，有刑法之施，而民日以多事；至人之治则不然，"因其政不易其俗，顺其性不拂其能"。用现代的话说君子之治是以自己为标准要求别人，至人之治是尊重人的个性和地方风俗，发挥个性的能力。

李贽的政治主张和措施，赢得了少数民族土官和百姓以及下属的支持，出现了多年来少有的少数民族与汉族和睦相处、百姓安居乐业的局面。但是李贽的施政方针却开罪了诸位上司，与云南巡抚王凝以及他的顶头上司、云南布政司右参政兼洱海分巡道骆问礼发生了矛盾。对于王凝，李贽是不屑一顾，因为他是一个满口仁义道德、品行却极其低下的假道学，故而李贽说："王本下流，不必道也。"但最令李贽痛心的是，一向与他最相知的骆问礼也反对他的施政方针。骆问礼有才能，而且性格刚直，遇事敢言，不畏权贵，在南京时，与李贽就是同僚，且最称相知，隆庆年间因上疏直谏得罪皇帝，被贬云南。由于思想和政见上的分歧，二人遂产生了矛盾。李贽主张施政要"因性牖民""持简易，任自然"；而骆问礼则以程朱理学为宗，为政以苛刻严厉著称。骆问礼反对李贽的"无为而治"，责备李贽只是干些修葺颓圮的学校以及聚居区的防火道、火神庙之类的小事。幸而骆问礼为人正直，虽然与李贽有矛盾，但只是思想和政见上的分歧，两人的关系并没有因此受到太大的影响，当骆问礼得知李贽要辞官后，还曾经再三挽留，并在给同僚杨道会的信中说："卓吾兄洁守宏才，正宜急用，而归志甚急。不孝力挽。三年屈首，非其本心，今遂其高矣。士类中有此，真足为顽儒者一表率。"李贽来云南仅一年后，王凝也调离了。更令李贽欣慰的是，当时分管洱海道的云南按察司佥事（又称"巡道"，简称"道"）顾养谦以及云南巡按御史刘维与李贽关系甚为融洽，给了李贽极大的支持。

在姚安期间，李贽继续从事讲学活动。公务之余，李贽经常召集师生僚属一起讲学论道，不问贤愚贵贱。他还曾两次前往龙里卫（今贵州龙里县）拜访时任云南参政的罗汝芳，求学问道。这一时期，李贽对佛学有了更多的接触。在来云南的次年春天患了一场大病后，李贽更是潜心于"超越生死的大学问"——佛学。他阅读了大量的佛经，经常与当地的名僧参禅论道，甚至干脆在佛寺中处理公务。李贽在洞悉了佛学的义理之后，又回过头来重新研读《大学》《中庸》等儒家经典，自然是融会贯通，对汉宋诸儒割裂经义、拘泥于字词的烦琐的章句之学更加深恶痛绝。由此，李贽得出："玄妙道脉……惟佛氏独得旨趣""道原自真率""道原自快乐"，就是说"道"的最高境界是"真率快乐"。自此，李贽公开肯定佛家的地位，进一步援佛入儒，自觉地以"真率快乐"的思想阐释和批判儒家思想。

辞官弃家，耿李论战

万历八年（1580）是李贽任姚安知府的第三个年头。按明朝惯例，三年任满，经考核政绩显著者可以继续升官。而负责考核的主要是巡按御史，而此时巡按御史仍是刘维，李贽又深得百姓和下属拥戴，因此升迁是没有问题的。但是，这年三月，离任职期满还差几个月，李贽就亲自到楚雄府刘维那里要求辞官。刘维苦苦相劝，说："姚安守，贤者也。贤者而去之，吾不忍……即欲去，不两月所为上其绩而以荣名终也，不其无恨于李君乎？"明确表示要为李贽请功。但李贽并非贪图功名之辈，慨然回绝道："非其任而居之，是旷官也，贽不敢也。需满以幸恩，是贪荣也，贽不为也。名声闻于朝矣而去之，是钓名也，贽不能也。去即去耳，何能顾其他？"云南布政司、按察司两署长官也不同意李贽辞官。于是李贽返回姚安将夫人安顿好后，带着生员郭万民远走大理，来到佛教名山——鸡足山，师徒二人以及众名僧一起参禅论道。刘维以及布、按二司长官见李贽去意已决，于是上报朝廷，批准了李贽的辞呈。这时已经是盛夏七月了。李贽离任时，除了微薄的俸禄外，"囊中仅图书数卷"，"市民遮道相送，车马不能前进"。从此，李贽结束了二十五年的仕宦生涯。

解官后，李贽感觉到前所未有的轻松，他与生员郭万民一起遍游滇中名山。万历九年春，李贽离开云南进入四川，取道长江三峡直奔黄安。李贽没有忘记他对好友耿定理的许诺。有耿定理这样的"胜己之友"，李贽非常满足，他说："我老矣。得一二胜友，终日晤言以遣余日，即为至快，何必故乡也。"因此，李贽要把黄安作为自己人生之路的最后一站。李贽之所以不归故里，还有一个更深层次的原因，就是追求一种身心自由的生活，希望不再受人管束。在《豫约·感慨平生》中，李贽慨叹道："夫人生出世，此身便属人管了。幼时不必言；从训蒙师时又不必言，既长而入学，即属师父与提学宗师管矣；入官，即为官管矣。弃官回家，即属本府本县公祖父母管矣……我是以宁漂流四外，不归家也。"

其时，耿定理和耿定向的父亲不久前刚刚去世，耿定向正在家守制。到达黄安后，李贽受到定理、定向兄弟的热情接待，他们在天窝书院专门为李贽夫妇建了宅舍。天窝书院又名天窝山房，位于离黄安县城十五里的天台山上。此时的耿定向早已是名震江南的硕学大儒，前来天窝求师访学者持续不断，因此天窝书院虽然僻处山野，却闻名天下，邓豁渠、何心隐等都曾来此讲学。

在天窝，李贽主要是教耿家子弟读书，再就是读书著述、与耿定理等谈学论道。耿定理和李贽一样，厌恶程朱理学烦琐的克己修身功夫，追求一种心性自由的生活。两人还都精通佛学义理，以禅释儒。但是耿定理在这方面比李贽走得更远。李贽虽然也深谙佛学义理，经常参禅论道，但他并不是一个虔诚的佛教信徒，他的功利之心从未泯灭过，他既刻意寻求出世而又渴望入世，是以出世的情怀做入世的事业；耿定理一生则能超越功利和是非，达到了泯灭有无的遗世境界。两人都意识到了彼此的不同之处，并曾互相规劝过，李贽惋惜耿定理"歇手太早"，对他说："若谓大休歇人到处自在，只好随时着衣吃饭度日，则孔圣何以汲汲，孟氏何以遑遑，达摩不必东渡，青牛不之流沙……"耿定理则直言不讳地指出李贽"未免俗"。但两人谁也改变不了对方。人生态度上的不同丝毫没有影响二人的友谊，二人依然朝夕相处，互相切磋学问。

来到耿家后，李贽还结识了周思久、周思敬兄弟。

周思久，字子征，号柳塘，麻城（今湖北麻城）人。嘉靖三十二年（1553）进士，曾任琼州知府，政绩卓著，为海瑞称道。晚年筑室于麻城龙潭湖。周思久以耿定向为师，李贽到天窝书院后，他也住在天窝，常与李贽和耿氏兄弟论学。在论学时，李贽和耿定向经常有分歧，周思久敏感地觉察到了二人分歧之所在，对耿定向说："天台重名教，卓吾识真机。"就是说耿定向严守孔孟之道和封建礼教，而李贽则追求真率快乐，要求打破封建礼教的藩篱。周思久虽师事耿定向，但在结识李贽后，开始尊崇李贽的思想，与李贽走得越来越近。周思久还经常邀请李贽到麻城去讲学。特别是在李贽与耿定向反目离开耿家后，李贽移居麻城，周思久、周思敬兄弟为他安排住所。

周思敬，字子礼，号友山，周思久的弟弟。隆庆二年（1568）进士，官至南京兵部侍郎，深得张居正赏识，后因救援谏官而忤其意，被贬官四川。张居正去世后，因吏科给事中邹元标上疏说他不阿附张居正，周思敬被擢升为太仆寺卿。他不仅没有因此而高兴，反而上疏说："相臣（指张居正）实臣知己，元标荐臣不附相臣，是臣负知己也。"李贽敬佩周思敬的高风亮节和率真，周思敬倾慕李贽的学识，并以李贽为师。周思敬曾说自己"因往来耿宅，得与李卓吾先生游，心切师事之"。

李贽来耿家的当年腊月，焦竑也从南京来到了耿家，名义上当然是吊唁耿师亡父。此前，李贽就多次写信给焦竑谈自己在黄安的情况，并邀请他到黄安相聚。但焦竑一直忙于科考。科考完后（又名落孙山），焦竑在给李贽的复信中说："逼岁当走千里，与宏甫为十日之饮。"焦竑如约而至，李贽无限欣喜。两人朝夕相处，"饮十日而别"。焦竑是耿定向的得意门生，却与李贽打得这么火热，耿定向心里多少有些不快。耿定向曾对焦竑的儿子说："世上有三个人说不听，难相处。"焦竑的儿子问哪三人，耿定向说："孙月峰、李九我与汝父也。"这显然是责怪焦竑与李贽走得太近，受其思想影响，不遵从师说。前面所谈到的耿定向的两个弟子潘士藻、祝世禄也都拜倒在李贽门下。

万历十二年（1584）三月，耿定向守丧期满，起复（**明清时指官员在家为父母守丧三年后复出做官**）为都察院左佥都御史，七月初离家赴任。八月升为都察院左都御史。就在耿定向刚离家不久，耿定理去世，李贽万分悲痛。他本来是为求"胜己之友"奔耿定理才来黄安的，没想到耿定理先他而去了。

耿定理去世后，李贽因与耿定向思想上的分歧而产生了矛盾。耿定向虽然也是王学信徒，以致良知为宗旨，而且也认为良知是无善无恶的自然天成，在这一点上，他与李贽并无不同。但是耿定向仍以孔孟为宗，他素以孔孟正脉自居，说孔孟之道是"天付我辈承管的世业""贯通于天下万世，天下遵之则治，违之则乱"，强调为学必须落实于孝悌忠信等人伦之上。而李贽则追求心性的自由，公然挑战孔子的权威。耿定向固守儒家的道德本体论，恪守儒家一家学说，与儒家学说不同者则视之为异端。李贽则不然，他既有儒学的根底，又潜心佛老，融会三家而不拘泥于一家一派。其实，强调人伦之至与追求解脱、追求心性自由也是耿定向和耿定理思想分歧之所在。耿定理在世时，耿定向就不满于他参禅遁世。耿定向还认为耿定理的出世思想是受李贽的影响，他不读书、不参加科考、不做官，任性而行乃至不要子嗣都是李贽教的。这对李贽是非常不公平的。实际上如前所述，在出世思想上，耿定理比李贽走得更远，达到了泯灭有无的遗世境界。在这方面李贽非但没有带"坏"耿定理，反而为耿定理"歇手太早"惋惜，并规劝他。不过，耿定理在世时，虽然耿定向和李贽存在着思想上的分歧，但彼此尚能相安无事。耿定理去世后，三弟定力也离家就任成都知府，仅有李贽在家教授耿氏子弟。耿定向对李贽的"超脱"越发不放心。耿家已经出了一个终生不肯为官的耿定理，更令耿定向恼火的是他的儿子耿克明也是"好超脱，不肯注意举子业"——这实在是关涉耿氏家族的大事。耿定向终于按捺不住了，他将对耿定理和耿克明的不满一股脑儿撒到李贽身上。他先是以论学的形式给李贽写信劝他放弃佛学，后又责怪李贽"因他超脱，不以功名为重，故害我家儿子"，要求他以孔子学说为准绳，"教人学好，学孝学弟，学为忠信"。袁中道在《李温陵传》中对此也有记述："子庸死，子庸之兄天台公惜其（指李贽）超脱，恐子侄效之，有遗弃之病，数至箴切。"耿定向不但直接规劝和责怪李贽，还给自己的门徒写信，警告他们不要受李贽影响。在给周思久的信中，耿定向以训斥的口吻写道："卓吾之学只图自了，原不管人，任其纵横可也。兄兹为一邑弟子宗者，作此等榜样，宁不杀人子弟耶……惟兄仅一子，孤注耳，血气尚未宁也，兄若以此导之，忍耶？"

对于耿定向的规劝告诫（实际上是攻击），李贽先后写了《答耿中丞》《又答耿中丞》等予以回应，从此开始长达近十年的耿李论战。

在《答耿中丞》中，针对耿定向在给他的信中言必称孔子，处处以孔子学说为准绳来规劝教训自己，李贽明确指出："夫天生一人，自有一人之用，不待取给于孔子而后足也。若必待取足于孔子，则千古以前无孔子，终不得为人乎？"李贽还进一步指出，即使是孔子自己也不曾教人以他的学说作为准则。李贽还以"颜渊问仁"时孔子提出"为仁由己""君子求诸己"等论学的例子对此作了进一步的阐述："夫孔子未尝教人之学孔子，而学孔子者务舍己而必以孔子为学，虽公（指耿定向）亦必以为真可笑矣！"李贽还针对耿定向"仁者人也""不仁则不可为人矣"的谬论，明确指出：天下百姓之所以不能各安其所，正是由于"贪暴者扰之，而'仁者'害之也"；德礼政刑是束缚人的心性和身体的藩篱，使人失去了自我。"仁"是儒家思想的核心，德礼政刑则是建立在此核心之上的一整套封建道德伦理规范，被儒家视为治国之本，然而李贽却对此进行了颠覆。在批判儒家的核心思想和德礼政刑的同时，李贽还主张使人的"自然之性"自由地发展，提出要"各从所好，各骋所长"，满足人们"富贵利达"的自然欲求。李贽还指出，既然"君子求诸己"，就不会强求别人服从自己的标准，因此，你耿定向就不能把自己的思想强加于别人，"公既深信而笃行之，则虽谓公自己之学术亦可也，但不必人人皆如公耳……仆自敬公，不必仆之似公也"。

邓豁渠，初名鹤，号太湖，四川内江人，是泰州学派的代表人物之一。曾从赵贞吉研习心学，后突然改变初衷，"以为性命甚重，非拖泥带水可以成就，遂落发为僧"，是李贽颇为敬重和赞赏的"英灵汉子"。耿定向还借责备邓豁渠"父老不养，死不奔丧，有祖丧不葬，有女逾笄不嫁，髡首而游四方"来指责李贽。对耿定向非议邓豁渠，李贽奋笔写下了《又答耿中丞》，指责耿定向"以世人之是非"来评价邓豁渠，不配为邓豁渠的知己，称赞邓豁渠"未尝以世人之是非为一己之是非"。

思想上的分歧最终导致了李贽与耿定向分道扬镳。万历十三年（1585）三月，李贽将妻女等家属打发回老家泉州，离开耿家，只身移居麻城，住到了周思敬以及周思久的女婿曾承庵为他专门建造的维摩庵中。

在麻城，李贽把绝大部分的精力放在了读书著述上，当然也少不了与朋友谈学论道。除了与周氏兄弟以及曾承庵经常切磋学问外，李贽还结识了杨定见、丘长孺等一批新朋友。

耿李论战并没有因李贽离开黄安而结束，反而进一步升级。耿定向仍然多次写信给李贽，喋喋不休地讲他那一套孔孟之学，不仅如此，他还授意其弟子吴少虞批评李贽误耿氏子弟。李贽则写了《答耿司寇》予以反击。在这封长达万言的信中，李贽针对耿定向鼓吹的"泛爱众""出孝入悌"等儒家教条一一进行了驳斥，揭露了道学的虚伪："试观公之行事，殊无甚异于人者。人尽如此，我亦如此，公亦如此。自朝至暮，自有知识以至今日，均之耕田而求食，买地而求种，架屋而求安，读书而求科第，居官而求尊显，博求风水以求福荫子孙。种种日用，皆为自己身家计虑，无一厘为人谋者。及乎，便说尔为自己，我为他人，尔为自私，我欲利他；我怜东家之饥矣，又思西家之寒难可忍也；某等肯上门教人矣，是孔孟之志也，某等不肯会人，是自私自利之徒也，某行虽不谨，而肯与人为善，某等行虽端谨，而好以佛法害人。以此而观，所讲者未必公之所行，所行者又公之所不讲……"在这封信中，李贽明确反对以孔子学说为正脉，指出"圣人不责人之必能，是以人人皆可以为圣"，不可"专学孔子而后为正脉也"。李贽还讽刺耿定向说："学问岂因大官长乎？学问如因大官长，则孔孟当不敢开口矣。"

李贽与耿定向的论战实际上也是对孔孟之道和封建正统势力的挑战，因此引起了道学家们的恐慌。钱谦益在其《列朝诗集·闰集》卷三《卓吾先生李贽》中说："（李贽）与耿天台往复书，累累万言。胥天下之为伪学者莫不胆张心动，恶害己，于是咸以为妖为幻，噪而逐之。"由此可见，耿李论战特别是李贽对以耿定向为首的道学家们的批判在当时产生了很大影响。

在麻城期间，李贽完成了《藏书》的初稿，并寄给焦竑请他校阅写序。李贽在读书论学之余，还经常携二三少年或寄情于山水之间，或出入于花街柳市。李贽任情自适、率性而行的举动令道学家们侧目而视，遂招致宣淫败俗之谤。

万历十六年（1588）夏天，李贽削发。一个前四品的朝廷命官竟然落发为僧，这一消息很快传遍了整个麻城，李贽因此而成为名副其实的"异端"。实际上，李贽之所以削发，并非要真正皈依佛门，做一个虔诚的佛教徒，而是想彻底摆脱家庭等俗事的羁绊，另一方面也是公开以"异端"身份向假道学挑战。这两点，李贽说得很明白："其所以落发者，则因家中闲杂人等时时望我归去，又时时不远千里来迫我，以俗事强我，故我剃发以示不归，俗事亦决然不肯与理也。又此间无见识人多以异端目我，故我遂为异端以成彼竖子之名。兼此数者，陡然去发，非其心也。"在给焦竑的信中，李贽也讲述了落发的原因："今世俗子与一切假道学，共以异端目我，我谓不如遂为异端，免彼等以虚名加我。"

李贽虽然削了发，却留下了胡须，虽自称和尚，但仍喝酒吃肉。削发后不久，李贽又从维摩庵移居离麻城三十余里的龙潭（又名龙湖），住进了周思久建造的芝佛院，从此在这里住了近十年。

隐居龙湖，潜心著述

耿李论战对李贽的思想产生了很大的影响，它促使李贽进一步反思儒学，反思历史乃至中国整个的传统文化。李贽的思想因此更趋深刻，更趋激进。从这个意义上说，正是耿李论战成就了李贽。但是，耿李论战也使李贽更加孤寂，朋友们因论战而疏远了他。李贽一生以朋友为性命，其有家不归、有官不做一方面固然源于他追求心性自由的天性，但求"胜己之友"无疑也是一个重要的方面；而且这也是与追求心性自由相联系的，因为求友是为了探讨心性之学。在李贽视为知己的几位朋友中，大都与耿定向关系密切：周思久、周思敬兄弟是耿定向的儿女亲家又兼门生弟子，而焦竑、潘士藻、祝世禄、管志道则是耿定向的得意门生。耿李论战后，碍于恩师的情面，这些人在和李贽交往时不得不有所顾忌，管志道甚至在信中大骂李贽，袒护耿定向。焦竑虽然没有像管志道那样袒护其师，甚至在情感上还站在了李贽这一边，并对其多有回护之处，但也或多或少地疏远了李贽。耿李论战前，李贽与焦竑频有书信往来，但耿李论战后，两人的通信大为减少。周思久、周思敬兄弟也是夹在耿定向和李贽之间，周思敬就曾经描述这种尴尬的处境说："敬居其间，不能赞一辞，口含黄药，能以气向人乎？"对于朋友的疏远，李贽感到痛心，内心的孤寂深深折磨着他。但是，李贽不仅不责怪朋友，而且非常理解朋友的这种左右为难的处境。周氏兄弟为他提供居处，使他免于流离失所，更令李贽感念终生。

内心的孤寂使李贽变得理智，他不想再和耿定向继续争论。在芝佛院，李贽潜心著述，并与无念、杨定见、邱坦之等众弟子论学。经过耿李论战，此时的李贽已经是大名鼎鼎，因此少不了有人请他讲学。李贽在麻城讲学时，"儒释从之者几千万""一境如狂"。李贽在芝佛院讲学传道时，还敢于和女子来往，颇有敢冒天下之大不韪的劲头。在麻城县城时，李贽就曾接受一个寡妇的供奉，并在得知有关这个寡妇的流言蜚语传到县衙后，率众弟子去看望这个寡妇，发现她"子女俱无"，孤苦无依，非常值得同情。这件事被道学家大加渲染，他们说李贽"曾率众僧入一嫠妇之室乞斋，卒令此妇冒帷簿之羞"。

与李贽交往最多的女性是梅澹然。梅澹然，大同巡抚梅国桢的女儿。原名梅锦奇，澹然是她的法名。她年轻时丧夫，落发出家，其父为她建绣佛寺居之，探究佛学。梅澹然钦敬李贽，以师礼事李贽。李贽与整个梅氏家族的交往都比较深，特别是和梅国桢彼此互相期许，互相敬重。李贽和梅澹然更是经常通过书信探讨佛理。李贽称梅澹然为观音，并把他与梅澹然等女性的书信结集成书，取名《观音问》。梅家的其他女性也和李贽有所往来。在讲究男女之大防的封建社会，李贽与女性的交往，引来了道学家们的非议，道学家骂他"宣淫败俗"，就连他的朋友也以"妇人见短，不堪学道"为由，规劝李贽停止与女性往来。对于道学家们的非议，李贽不屑一顾；为回答朋友的劝告，李贽写了一篇《答以女人学道为见短书》，明确提出："谓人有男女则可，谓见有男女岂可乎？谓见有长短则可，谓男子之见尽长，女人之见尽短，又岂可乎？"这实际上是倡导男女平等的思想。

万历十六年（1588），李贽编纂完成了《初潭集》。万历十八年，李贽的诗文集《焚书》在麻城出版，该书收录了李贽与朋友谈学论道的书信。李贽在《自序》中说："一曰《焚书》，则答知己书问，所言颇切近世学者膏肓，既中其痼疾，则必欲杀之，言当焚而弃之，不可留也。"《焚书》不仅对儒家经典进行了批判，直斥道学家的虚伪，而且公开肯定人欲。《焚书》中最主要的内容是李贽与耿定向论战的文章，其他如给周氏兄弟、邓石阳甚至是焦竑的书信中，也有很多内容涉及与耿定向的论战。《焚书》出版后，迅速在麻城一带传播开来，旋即传遍南北京师。耿定向看到了《焚书》后大为恼火，遂作《求儆书》，指责李贽使"后学承风步影，毒流万世之下"，说他和李贽的论战是"为天下人争所以异于禽兽者几杀界限耳"，号召其门徒围攻李贽。其他道学家们也都以封建的卫道士自居，对李贽大加挞伐。《焚书》的出版，不仅使本已趋于平静的耿李论战再掀高潮，而且使中国沉闷的思想界激起了一场波澜。

耿定向等道学家们攻击李贽的武器自然离不开"存天理，灭人欲"之类的陈腐思想。然而，在李贽的鲜活思想面前，他们的思想显得软弱无力。于是道学家们便将思想的论争转向对李贽的人身攻击。他们诬陷李贽与梅澹然等的交往是"男女混杂"，有违礼法，说他是"淫僧"。更有甚者，扬言要把李贽驱逐出麻城。

万历十九年（1591），袁宏道专程从一千三百余里远的公安县来龙湖拜访李贽。袁宏道（1568～1610），字中郎，号石公，湖广公安（今湖北公安）人，明代著名文学家。与其兄宗道、其弟中道号称"公安三袁"，是公安派的代表人物。受李贽"童心说"的影响，三袁提出了"性灵说"，主张文学要独抒性灵，不拘格套，即文学要表现创作者的个性，抒发真情。

早在两年前，其兄袁宗道（与焦竑同为万历十七年进士）经焦竑介绍就欲来拜访李贽，只是因故未能践行。袁氏兄弟对李贽仰慕已久，袁宏道读了《焚书》后，说："幸床头有《焚书》一部，愁可以破颜，病可以健脾，昏可以醒眼，甚得力。"袁宏道还说他读李贽的著作"目力倦而神不肯休"，"读他人文字觉懑懑，读翁片言只语辄精神百倍"。初识宏道，经过一番交谈，李贽便觉得他是一个有灵气、有见识的才学之士。袁宏道在龙湖住了三个多月，二人整日一起探讨学问。李贽独到精辟的见解和敢于怀疑一切、注重心性自由的精神使袁宏道深受启发。袁宏道的弟弟中道对此也有感触，他在《袁宏道传》中说："先生（指袁宏道）既见龙湖，始知一向掇拾陈言，株守俗见，死于古人语下，一段精光，不得披露。至是浩浩焉如鸿毛之遇顺风，巨鱼之纵大壑，能为心师，不师于心；能转古人，不为古转。发为语言，一一从胸襟流出，盖天盖地，如象截急流，雷开蛰户，浸浸乎未有涯也。"

袁宏道归后不久，其弟袁中道又到武昌拜访李贽，可惜与李贽相伴没有几天就卧病在床，只得返回家中。两年后，袁氏三兄弟以及其舅父龚散木、袁宏道的举业师王以明一起来龙湖拜访李贽。从此，李贽与"三袁"，实际上也是与公安派结下了不解之缘，他们经常有书信往来。"三袁"还把陶望龄等人介绍给李贽。

李贽的名声也给他带来负面影响。这年七月，李贽送袁宏道至武昌时，在黄鹤楼下遭到受人雇用的流氓地痞的围攻与驱逐（关于这次围攻，李贽认为背后的指使者为耿定向，学术界也大都持此观点。但现在还没有足够的史料证明这一观点）。时任湖广左布政使的刘东星早就仰慕李贽，在得知李贽被围攻后，遂将其接回去保护起来，"或迎养别院，或偃息官邸，朝夕谈吐，始恨相识之晚"。由于有湖广最高行政长官的保护，令不满李贽者不得不有所收敛，已经官居翰林院的焦竑也多方调停，黄安地方官绅对李贽的攻击也有所

048

收敛。在武昌期间，李贽还批点了《水浒传》。

万历二十年（1592），李贽接到梅澹然劝他重返龙湖的来信。次年，李贽返回龙湖。在衡州同知沈铁和周思敬、耿定力以及定向子克念、李贽女婿庄纯夫等人的调解下，李贽赴黄安与耿定向和解。但是，在原则上，李贽依然是坚持自己的思想，在以后再版的《焚书》中，照旧收录与耿定向论战的书信。这年，安徽新安人汪本钶（字鼎甫）来龙湖向李贽求学，李贽留他读书龙湖，"日课举子业，夜谈《易》一卦"。李贽还教导汪本钶说："丈夫生于天地间，太上出世为真佛，其次不失为功名之士。若令当世无功，万世无名，养此狗命在世何益？不如死矣。"汪本钶后来成为李贽的得意门生和挚友。李贽死后，汪本钶搜集整理其遗稿，编辑刻印了《续焚书》《说书》等。

万历二十四年（1596），李贽已经七十岁了。这一年，李贽写了《读书乐》一诗和《豫约》一文。在《读书乐》前引中，李贽写道："天幸生我大胆，凡昔人之所忻艳以为贤者，余多以为假，多以为迂腐不才而不切于用；其所鄙者、弃者、唾且骂者，余皆以为可托国托家而托身也。"李贽如此"异端"，如此特立独行，自然为理学家和当局所不容。在《豫约》中，李贽对自己的一生进行了总结，抒发了自己"平生不愿属人管"的叛逆精神。

颠沛流离，笔耕不辍

耿李的和解并没有使李贽的境遇有所好转，道学家们依然视其为心腹大患。万历二十四年秋，刘东星遭父丧居家守制，邀请李贽到山西做客。实际上，刘东星的目的是让李贽离开麻城这个是非之地。就在李贽临行之前，友人送信给李贽，说湖广按察司佥事史旌贤（耿定向的门生）要以"大坏风化"的罪名将其驱逐出麻城。闻此信息，李贽勃然大怒，说："大抵七十之人，平生所经风浪多矣。平生所贵者无事，而所不避者多事。贵无事，故辞官辞家，避地避世，孤孤独独，穷卧山谷也。不避多事，故宁义而饿，不肯苟饱；宁屈而死，不肯幸生……盖世人爱多事，便以无事为孤寂；乐无事，便以多事为桎梏。唯我能随遇而安，无事固其本心，多事亦好度日。使我苟不值多事，安得声名满世间乎？"李贽决定暂不去山西，他要与史旌贤斗争到底。耿克念在听到史旌贤要治李贽罪的消息后也劝他到黄安耿家暂避，李贽认为这样岂不是有向耿家求和之嫌，因此他谢绝了耿克念的好意。在《与耿克念》中，李贽说："我欲来已决，然反而思之，未免有瓜田之嫌，恐或以我为专往黄安求解免也，是以复辍不行，烦致意叔台并天台勿怪我可。"没过几天，李贽又写信给耿克念说："窃谓史道欲以法治我则可，欲以此吓我他去则不可。夫有罪之人，坏法乱治，案法而究，诛之可也，我若告饶，不成李卓老矣……故我可杀不可去，我头可断而我身不可辱。"他再次表达了心中的愤怒和斗争到底的决心。

不知是慑于李贽的气势，还是因为看耿家脸色行事，史旌贤并没有付诸行动。这时，刘东星的儿子刘用相专程来到龙湖接李贽北上。于是，李贽再度离开龙湖，来到了刘东星的家乡——山西沁水坪上村。在这里，李贽白天"终日闭户读书"，手抄不辍，夜晚就与刘东星切磋学问，并辅导刘东星的儿子刘用相和侄子刘用健读《大学》《中庸》，解答他们的疑问。他们二人还将李贽与刘东星的谈话以及李贽给他们的解疑记录下来，结成《明灯道古录》一书出版。在这部书中，李贽明确倡导自由竞争，认为不允许竞争是"拂人之性"，进而李贽还对传统的抑商政策进行了批判。《明灯道古录》是了解晚年李贽思想的重要著作之一。

万历二十五年（1597）夏天，李贽又应大同巡抚梅国桢的邀请从沁水来到大同。在大同，李贽除与梅国桢谈禅论道外，依然笔耕不辍，继续修订《藏书》，并编著了《孙子参同》十三篇，对《孙子》的思想进行了阐释和发挥，从中也可以看出李贽卓越的军事思想。

同年九月，李贽又告别梅国桢来到北京，寓居西山极乐寺。追随李贽前来极乐寺的还有刘用相，汪本钶也专程从新安来寻师。在极乐寺，李贽还结识了老朋友马历山的儿子马经纶。此时，马经纶正因上疏明神宗被罢官居家，他早就仰慕李贽的胆识，听说李贽寓居极乐寺，遂前来拜访。在此期间，李贽编写了《净土诀》三卷，并刻印。

万历二十六年春，李贽在焦竑的陪同下，离开北京前往南京。旅途中，李贽仍不忘著书立说，编著了《老人行》和《〈睽车志〉选录》两部书；前者是自己一部分作品的汇集，后者是对郭象《睽车志》的选录。此外，这年冬天出版的《龙溪王先生文录钞》也是在此次旅途中定稿的。夏初，李贽到达南京，寄居永庆寺的伽蓝殿。在南京期间，李贽醉心于《周易》的研究，经常与焦竑一起探讨其中的义理。当然，以李贽这样大的名气，在南京这样的人文荟萃之地，自然少不了来访和求教者，其中两位安徽学者佘永宁、吴世征在拜访李贽后还将访问记录整理成《永庆答问》出版。这期间，《藏书》也最后定稿，并开始了《续藏书》以及《阳明先生道学钞》和《阳明先生年谱》的写作。南京期间，李贽还两次会见了意大利耶稣会传教士利玛窦（他们共会面三次，最后一次是万历二十八年初夏在山东济宁刘东星的衙署），李贽称他是"一极标致人也。中极玲珑，外极朴实……我所见人未有其比，非过亢则过谄，非露聪明则太闷闷聩聩者，皆让之矣"。利玛窦则称李贽是"中国人中罕见的典例"。利玛窦还将其《交友论》赠送给李贽，其中"友者，乃第二我也"的论述深得以友为命的李贽的推崇。李贽还把《交友论》眷录数份，寄给自己的朋友。李贽还赠送给利玛窦两把扇子，上面写着他赠利玛窦的两首小诗，其中一首为《赠利西泰》："逍遥下北溟，迤逦向南征。刹利标名胜，仙山纪水程。回头十万里，举目九重城。观国之光未，中天日正明。"从这首诗中可以看出，与绝大多数儒家士大夫盲目排外不同，李贽对利氏来华表示理解和同情，对利氏不畏艰险、远涉重洋来华的精神大加赞扬。在济宁时，利玛窦"向李贽投帖拜访"。利玛窦回忆当时的情景说："他情谊殷勤，令人有除了欧洲热心教友外，在异教国中，走到天边无觅处的感想。"

万历二十七年（1599），在焦竑的主持下，《藏书》在南京出版。这是一部评述历史人物的著作，内容主要取材于历代正史，分为世纪、列传两大类别，载录了自战国至元末约八百名历史人物的传记。李贽将这些人物依照自己的标准进行了分类，对一些类写了总论，对一些人物、事件和言论写有专论和简短的评语，这些总论、专论和评语"一切断以己意，不必合于儒者相沿之是非"。李贽明确反对以孔子的是非为是非，反对以儒家的价值观作为评价历史人物的标准，自称是"颠倒千万世之是非"。《藏书》和《焚书》集中体现了李贽的思想和历史观。

万历二十八年春，已经升任工部尚书兼都察院右副都御史并总理河漕的刘东星亲自到南京接李贽到济宁漕署去。在济宁，李贽完成了《阳明先生道学钞》和《阳明先生年谱》，同时继续对《易因》进行修改。这年秋天，李贽从济宁又回到了麻城。一到麻城，李贽就遭到了排斥，一些道学家勾结地方官吏，以"维持风化"为名，妄图驱逐李贽。在湖广按察佥事冯应京的授意下，他们雇用流氓打手，拆毁了芝佛院。李贽在学生杨定见的帮助下逃到黄檗山（**在今河南商城县境内**）中。这年冬天，马经纶在得知李贽的遭遇后，从数千里之遥的通州冒雪赶到黄檗山陪侍李贽。马经纶还奋笔写下了《与当道书》，批驳道学家以"宣淫""惑世"的罪名对李贽的诬蔑和迫害。

通州被逮，荣死诏狱

万历二十九年（1601）春，李贽随马经纶来到了通州，寓居马家。此时的李贽已经是七十五岁高龄，加之几年来颠沛流离的生活，本来就病弱的身体每况愈下，但是他仍然带病修改完成了已经刻印过的《易因》，并根据马经纶"乐必九奏而后备，丹必九转而后成，《易》必九正而后定"的建议，定名为《九正易因》。《九正易因》完成后，李贽预感到来日已经不多了，遂于二月初五写下了遗言，要求死后不用棺木，不换新衣，身下置芦席，身上横空加椽子，仍用芦席加盖其上。这种葬式带有伊斯兰教葬式的特点，但又与其葬式不完全一致。

李贽本来以为可以在朋友家终此一生，但是令他没有想到的是：天子脚下的通州岂能容许他这样一个"异端"存在？万历三十年闰二月，礼科给事中张问达上疏弹劾李贽，他除了诬陷李贽在麻城期间"肆行不简，与无良辈游庵院，挟妓女白昼同浴。勾引士人妻女……强搂人妇"外，还特别指出了李贽《藏书》《焚书》等著作中的"异端"思想："李贽……近又刻《藏书》《焚书》《卓吾大德》等书，流行海内，惑乱人心。以吕不韦、李圆为智谋，以李斯为才力，以卓文君为善择佳偶，以司马光论桑弘羊欺武帝为可笑，以秦始皇为千古一帝，以孔子之是非为不足据。"结果万历皇帝派锦衣卫将其逮捕。李贽曾与其弟子汪本钶说过："……吾当蒙利益于不知我者，得荣死诏狱，可以成就此生，那时名满天下，快活快活！"他还曾写过一篇文章，谈论豪杰之士五种死的方式，其中"天下第一等好死"便是自杀殉道。因此，李贽虽然听到消息说朝廷打算把他遣返回原籍，可以不死，但他依然选择了"荣死诏狱"。

李贽的死是不幸的，但又是幸运的，因为他的思想获得了永久的生命力！李贽死后，虽然明王朝严禁刻印传播李贽的著作，但人们依然争相购买，甚至出现了一些文人、学子"全不读四书本经，而李氏《藏书》《焚书》人挟一册以为奇货"的现象。学者、书坊都大量刊刻、传播和销售李贽的著作，有的书坊看到李贽的著作畅销，就组织人模仿李贽的文章风格写书，然后冒用李贽的名字出版，结果出现了一大批"伪书"。李贽的著作和思想之受欢迎程度由此可见。

第 2 章

哲学和社会思想

李贽对儒家思想的批判

李贽是在对儒家思想的批判中阐释自己的思想的，因此我们在阐述李贽的哲学和社会思想之前，先简要了解他对儒家思想的批判。

自从西汉确立了儒家的独尊地位后，儒家思想就成为封建社会的统治思想，孔子也因此登上了意识形态的神坛，成为人们顶礼膜拜的圣人。千百年来，孔子的学说成为不容置疑的绝对真理，成为评判一切是非的标准，统治者更是以此为"定本"而行赏罚。在李贽以前，从来没有人敢于公开反对儒学，公开挑战孔子的权威。即使是提出"满街人都是圣人"的王阳明和主张"百姓日用即道"的王艮，也都以孔子为旗帜。但是，李贽却以"与千万人为敌"的勇气，向儒家学说发起了猛烈攻击。李贽首先致力于打破对孔子的偶像崇拜，提出了不以"孔子之是非为是非"的认识论思想。他说："人之是非，初无定质；人之是非人也，亦无定论。无定质则此是彼非，并育而不相害。无定论，则是此非彼，亦并行而不相悖矣……咸以孔子之是非为是非，故未尝有是非耳……夫是非之争也，如岁时然，昼夜更迭，不相一也。昨日是而今日非矣，今日非后日又是矣。虽使孔子复生于今，又不知作如何非是也，而可遽以定本行罚赏哉？"李贽认为是非标准不是固定的，它因人而异，因时而变，"咸以孔子之是非为是非"，实际上就是没有是非标准，从而造成了"千百余年而独无是非"的局面。

对于孔子之后的孟子、朱熹等儒家代表人物，李贽更是进行了无情的批判和嘲讽。李贽批评孟子排斥其他学说是"执定说以骋己见"，是"欲以死语活人也"。李贽还说："若执一定之说，持刊定死本，而却印行以通天下后世，是执一也。执一便是害道……不执一说，便可通行，不定死法，便足活世。"在这里，李贽明确地提出了"执一便是害道"的观点，就是说以既定的、唯一的价值尺度来衡量是非善恶是对真理的毒害。

宋代理学家朱熹以孔子学说为学术正脉，大肆鼓吹"天不生仲尼，万古如长夜"。对此，李贽在《赞刘谐》一文中借刘谐之口进行了讽刺："有一道学，高屐大履，长袖阔带，纲常之冠，人伦之衣，拾纸墨之一二，窃唇吻之三四，自谓真仲尼之徒焉。时遇刘谐。刘谐者，聪明士，见而哂曰：'是未知我仲尼兄也。'其人勃然作色而起曰：'天不生仲尼，万古如长夜。子何人者，敢呼仲尼而兄之？'刘谐曰：'怪得羲皇以上圣人尽日燃纸烛而行也！'其人默然自止。"引文中"自谓真仲尼之徒"的道学先生就是指朱熹。显然，三皇五帝时人们并没有整天点着纸烛走路，没有孔子，人们照样生活。

对于被尊为经典的"六经"（《易》《书》《诗》《礼》《乐》《春秋》）、《论语》和《孟子》，李贽也同样持怀疑甚至是彻底否定的态度。为进一步加强思想控制，明代朝廷实行八股取士制度，规定科举考试必须以"四书""五经"（秦始皇焚书，《乐经》散失，仅存《乐记》一篇，乃并入《礼记》中，遂又有"五经"之名）命题，考生只能按照宋代程、朱等几家的经义"代圣贤立言"，绝不允许有自己的见解。为此，明成祖还亲自组织编撰了《四书五经大全》，作为钦定的教科书，将知识分子的思想严格限定在孔孟之道和程朱理学的藩篱内，这就从意识形态上进一步强化了"四书""五经"的权威。但是，李贽却向这一权威提出了挑战，在《童心说》中，他指出"六经"、《论语》和《孟子》"大半非圣人之言"，而是经过官方或其门徒加工、粉饰过的东西，"非其史官过为襃崇之词，则其臣子极为赞美之语。又不然，则其迂阔门徒，懵懂弟子，记忆师说，有头无尾，得后遗前，随其所见，笔之于书"。即使其中的某些言论确实是出自孔子、孟子之口，也是他们在教学过程中针对某一问题或某些某个学生"有为而发"，就如医生治病，"不过因病发药，随时处方"，"以救此一等懵懂弟子，迂阔门徒"。医生治病不能拘泥于固定的药方，同样"六经"、《论语》和《孟子》也不能作为"万世之至论"。

李贽不但公开否认"六经"、《论语》和《孟子》的权威性，还指出由于道学家们动辄便"冒引圣言"以欺世盗名，"六经"、《论语》和《孟子》遂成为"道学之口实，假人之渊薮也"。进而李贽又将矛头指向了宋明理学以及道学家。

孔子虽然提出了"君子义以为上""见利思义"，但他并没有否定"利"，只不过强调"取之有道"，要符合"义"；董仲舒则将孔子的道德优先原则推向极端，提出"正其义不谋其利，明其道不计其功"；宋明理学更是变本加厉，提出"存天理，灭人欲"，人性由此被彻底地否定，人的物质追求和创造活力也因此被扼杀。但是，人性被彻底否定的结果就是道德玄虚化，就是产生了一大批"口谈道德而心存高官，志在巨富"的假道学。李贽对这些以圣人自居的假道学进行了无情的嘲讽和批判，斥责他们"阳为道学，阴为富贵，被服儒雅，行若狗彘"。李贽认为，董仲舒是"章句之儒"，虽然迂腐，但不奸诈，而今日的道学家"则为穿窬之盗"。他们之所以喜欢讲道学，是为了猎取功名利禄，"其未得富贵也，养吾之声名以要朝廷之富贵，凡可以欺世盗名者，无所不至。其既得富贵也，复以朝廷之富贵养吾之声名，凡所以临难苟免者，无所不为"。

李贽还批判了道学家的"一步一趋，舍孔子无足法"的观念，指出"仲尼虽圣，效之则为颦，学之则为步丑妇之贱态"。正是因为道学家们这种"效颦学步"的"贱态"，使其成为一堆无用的"腐物"。由于宋明理学强调"天理人欲之辨"，把社会功利看作"人欲之私"加以排斥，于是便造成了士大夫只知道空谈道学以谋取高官却无治国用兵的真才实学的局面。他们只会"冒引圣言"以掩盖其无能，如果"不许称引古语，则其道学之术穷矣"。面对这种情形，李贽悲愤地写道："嗟乎！平居无事，只解打恭作揖，终日匡坐，同于泥塑，以为杂念不起，便是真实大圣大贤人矣。其稍学奸诈者，又挽入良知讲席，以阴博高官，一旦有警，则面面相觑，绝无人色，甚至互相推诿，以为能明哲。盖因国家专用此等辈，故临时无人可用……"李贽的这一段论述，形象地刻画出了道学家的丑态。李贽还由此得出了"儒者不可以治天下国家"的论断。

李贽还对儒家的道统论进行了批判。道统观念是儒家思想的一个重要方面。道统论滥觞于孟子，唐朝时由韩愈正式提出，宋明理学家则大倡道统说。孟子为了争取儒家的独尊地位，一方面极力贬斥杨朱、墨子等其他各家学说，另一方面尽力把儒家学说与上古时代的统治者联系起来，建构了一个"由尧舜至于汤"，"由汤至于文王"，"由文王至于孔子"的儒学传承谱系；韩愈继承了孟子的学说，认为"尧以是传之舜，舜以是传之禹，禹以是传之汤，汤以是传之文、武、周公，周公传之孔子，孔子传之孟轲"，正式创立"道统说"，其本人则以孟子继承者自居；宋代朱熹大力倡导"道统说"，但认为"韩愈思想不醇，排斥异端不力，不配上承道统"，因此将韩愈排除在道统外，而将程颢和程颐作为孟子的继承者。"道统说"的目的在于抵制佛、道对中国社会和文化的影响，巩固和强化儒家学说的正统地位，说到底是一种文化霸权。李贽主张学术平等，认为根本就不存在圣圣相传的谱系，道学家所说的孟子而后大道中绝是谬论。李贽说："道之在人，犹水之在地也；人之求道，犹之掘地而求水也。然则水无不在地，人无不载道也审矣。而谓水有不流，道有不传可乎？……彼谓轲之死不得其传者，真大谬也。"李贽进一步追问道：如果说孟子之后道统中断，直到宋代赖程朱理学才得以恢复，那么为什么宋朝"奄奄如垂绝之人，而反不如彼之失传者哉"！李贽认为，根本就不存在所谓的道统，"道统说"只不过是理学家们用以压制其他学说的手段罢了。李贽反对独尊儒术，认为百家"各各有一定之学术，各各有必至之事功"。这实际上是对儒家正统地位的否定。

李贽对儒家思想的批判是全方位的，是深刻的，这在历史上还是第一次。他所表现出来的反权威、反传统和反教条精神在当时甚至在今天也具有振聋发聩的作用，对于打破儒家学说的垄断地位，启迪人们从孔孟和程朱理学的束缚中解放出来具有重大的意义。

李贽的哲学思想

"童心说"——李贽哲学思想的核心

"童心说"是李贽思想的核心，也是他整个思想的出发点，同时它还是李贽批判程朱理学的武器。

自程朱理学提出了"存天理，灭人欲"的伦理主张后，作为欲望主体的"自我"因此被扼杀，儒家学说日趋僵化。然而受商品经济发展的影响，晚明的社会现实是奢靡之风盛行，官场贪污贿赂成风。在这种情形下，道学家们在疯狂逐利的同时却依然高唱"君子不言利""存天理，灭人欲"的陈词滥调，这就使整个社会"无所不假""满场是假"：道德教化中充满着假话、空话和大话；官场上充满着假事、假人；文坛上和科场试卷中充满着假文。现实与官方意识形态的巨大反差，使人们生活在价值迷失中。正是面对人的"自我"的缺失和价值的迷失，李贽提出了"童心说"，举起了晚明启蒙思潮的大旗。

"童心说"的内涵与外延

"童心即真心"，是"最初一念之本心"。李贽说："夫童心者，真心也。若以童心为不可，是以真心为不可也。夫童心者，绝假纯真，最初一念之本心也。若失却童心，便失却真心；失却真心，便失却真人。人而非真，全不复有初矣。童子者，人之初也；童心者，心之初也。"李贽所说的"童心"，通俗地讲就是未受社会污染，未被孔孟之道和程朱理学遮蔽的基于自然的真实的人性，是作为生命存在的人的认知、意志和情感。李贽认为，正是封建的伦理纲常使"童心"被遮蔽，他说："盖方其始也，有闻见从耳目而入，而以为主于其内而童心失。其长也，有道理从闻见而入，而以为主于其内而童心失。其久也，道理闻见日以益多，则所知所觉日以益广，于是焉又知美名之可好也，而务欲以扬之而童心失；知不美之名之可丑也，而务欲以掩之而童心失。夫道理闻见，皆自多读书识义理而来也。"有些学者认为，李贽所提出的"童心说"排斥"道理闻见"，反对"多读书识义理"，其实质就是倡导知觉与非理性。如果仅从字面意思理解，这种说法似乎没有什么问题。但是要深入理解"童心说"的内涵和实质，仅仅从字面意思理解是远远不够的，必须考察"童心说"提出的背景，并把它放在李贽的整个思想体系中去把握。

明代，程朱理学成为占绝对统治地位的意识形态，它造成了两方面的直接后果：一方面是人的自然欲求遭到彻底否定，个体泯灭在"存天理，灭人欲"的道德诉求中；另一方面，将天理和人欲截然对立，使道德玄虚化，整个社会充斥着假人、假言、假事，以致"无所不假""满场是假"。假人主要是指假道学。李贽最痛恨的就是假道学，他的很多文章都是针对儒学和假道学的，其中《童心说》更是矛头直指儒家义理和假道学。李贽所排斥的"道理闻见"和"义理"实际上只是儒家特别是程朱理学那一套僵化腐朽的学说。正是基于此，李贽在《童心说》的最后部分对"六经"、《论语》和《孟子》的经典性和权威性进行了否定。李贽并非反对一切道理闻见，也没有反对读书；相反，李贽以读书为乐，晚年还曾作四言长诗《读书乐》，认为读书可以"怡性养神"，他自己也是以读书治学作为一生的事业和追求。另外，在考察李贽的思想时，还有一点须注意，就是李贽的很多文章都不是严格的学理性的论文，而是更接近于针砭时弊的杂文。《焚书》更是如此。在《答焦漪园》中李贽就曾说过："《李氏焚书》，大抵多因缘语，忿激语，不比寻常套语。"所以我们绝不能仅仅从只言片语去分析李贽的思想，说李贽倡导非理性是对李贽的误读。

在《童心说》中，李贽虽然没有给"童心"作过多学理的阐释，而只是说"童心"是"绝假纯真"的"真心"，是人的"最初一念之本心"，但是结合李贽的其他思想看，"童心说"包含着深刻的思想内涵和丰富的内容，具体说有三个方面。

首先，"童心"是指人心之本然状态。"最初一念之本心"就是指"未发之中"的原初情绪与情感，是个体对"自我"当下的生命体验。从这个意义上来说，"童心"排斥任何外在的强制和规范。这一点也体现在李贽对"礼"的阐释中："盖由中而出者谓之礼，从外而入者谓之非礼；从天降者谓之礼，从人得者谓之非礼；由不学、不虑、不思、不勉、不识、不知而至者谓之礼，由耳目闻见、心思测度、前言往行、仿佛比拟而至者谓之非礼……"在这里，"礼"与"童心"是一致的。

其次，"童心"亦是指情感之真诚无欺。"童心"即"真心"，是与虚假矫情相对立的自然无欺，表现在日常的生活中就是"率性而为"，就是让自我只服从心性的召唤，具体地说，就是"怕做官便舍官，喜做官便做官；喜讲学便讲学，不喜讲学便不肯讲学"，"念佛时但去念佛，欲见慈母时但去见慈母，不必矫情，不必逆性，不必昧心，不必抑志，直心而动"。如果"以闻见道理为心"，就会失去"童心"，结果只能是"无所不假""满场是假"。正是在这个意义上，李贽说："童心既障，于是发而为言语，则言语不由衷；见而为政事，则政事无根柢；着而为文辞，则文辞不能达。"

再次，"童心"包含着丰富的具体内容。"童心"的具体内容非常广泛，只要是出于自然而不牵强的一切认知、意志和情感都属于"童心"的范畴。具体说来包括"势利之心""私心"和"仁义之心"。这三个方面我们在后面介绍李贽的社会思想时再作具体的阐述。

"童心说"的思想渊源

李贽的"童心说"有着丰富和复杂的思想渊源。李贽一生，涉猎非常广泛，他兼取儒、释、道各家又能融会贯通，其中心学、禅宗和道家是李贽思想的三个最重要的来源，也是"童心说"最重要的思想来源。

　　首先是心学对"童心说"的影响。如第一章所述，李贽曾经是阳明心学的崇拜者，在南京期间又结识了王阳明的弟子王畿以及泰州学派的罗汝芳、王襞等知名学者。王阳明通过"良知说"把传统的道德规范从外在权威转而内化成人的自然情感，虽然其最终目的仍不外乎是"灭人欲，存天理"，但他使人的主体性开始受到关注。心学发展至泰州学派，提出了"百姓日用即道"，更加强调心性，更加重视自我解脱。至罗汝芳，进一步发展出不学不虑的"赤子之心"，主张顺应自然，摒弃一切外在权威和陈规的束缚。当有人问他如何用"功夫"，如何成圣时，他回答说："解缆放船，顺风张棹，则巨浸汪洋，纵横任我，岂不一大快事也哉！"在这里，罗汝芳强调的是当下的自然，看重的是心性的自由自在。受泰州学派尤其是罗汝芳"赤子之心"的启发，李贽将对个体自我价值和内在超越的追求纳入其"童心说"中，其表现就是强调真心、真人、真情。可见，"童心说"是泰州学派的理论发展的结果。

　　其次是佛家禅宗的影响。禅宗是佛教东传后一个影响最大也最具中国特色的佛教宗派。李贽曾系统地研读过佛教的经典，他所受佛学影响主要来自禅宗思想。"童心说"中的"最初一念之本心"和"真心"就源于禅宗的思想。"本心"

是禅宗中的一个重要术语。禅宗指出心即是佛，佛就在心中，主张直指人心、见性成佛。禅宗的六祖惠能认为世间的一切，都不离本心本性，一旦能够明心见性，就可以成佛，所以他说："若识本心，即是解脱。"在惠能那里，"本心"就是本来具有的真心。李贽不仅将禅宗的"本心""真心"概念化用到"童心说"中，而且在探讨了"童心"为何会丧失的问题时，同样汲取了禅宗的思想。李贽认为，由于闻见道理的熏染，"童心"被遮蔽，因此必须去除"童心"之障，以恢复"童心"。"障"也是一个佛教用语。禅宗认为，佛性就存在于自我之本心中，而本心是清净无染的。要保持本心不受外界之影响，就须断绝迷障，此乃解脱之关键。外界对人的耳濡目染，即"障"使人陷于其中，无法觉悟。因此，"障"是"明心见性"的阻碍。由此可见，"童心说"不仅借用了佛家禅宗的术语，而且其内容，特别是它对"最初一念之本心"的肯定和对外在的"闻见道理"的否定与禅宗思想如出一辙。

再次是道家思想的影响。李贽的"童心说"是一种自然人性论，其最为本质的内涵就是真实自然。在这一点上，李贽更多是受道家思想，特别是庄子的影响。道家以自然为本，要求人保持自然的本性，老子和庄子都把"婴儿"当作人性的本然状态，认为外在的礼仪规范是对人性的戕害，强烈反对儒家以"仁义"为核心的道德观念。李泽厚先生在谈到庄子的思想时说，"庄子关心的不是伦理、政治问题，而是个体存在的身（生命）心（精神）问题"，可谓一语中的。李贽认为："童子者，人之初也；童心者，心之初也。"儿童的心灵是最真实、最自然的。在这里，李贽也是将"人之初"的儿童作为人性的本然状态。李贽曾深入研究过道家的经典《老子》和《庄子》，并作《老子解》和《庄子解》。"童心说"从外在的用语到内在的对生命个体的关注、对自然本性的肯定，显然得益于道家的启迪。

由上可见，"童心说"吸收了心学、禅宗和老庄的思想中强调当下自然、注重心性自由的思想。但是，李贽的"童心说"又与它们有很大的区别。李贽吸收了心学特别是泰州学派的思想，但剔除了其中包含的天赋道德意识。王阳明"良知说"的最终目的仍是"灭人欲，存天理"自不必说，即使是强调"百姓日用"的泰州学派所宣扬的依然是儒家的伦理说教，并没有摆脱儒家先验道德论的窠臼。禅宗和道家都强调"真心"，但是对于究竟什么是"真"，禅宗的解释不免过于虚幻；道家虽然注重个体对生命的真实体验，但又追求通过"清心寡欲"的修炼达到"物我两忘"的超脱境界。而李贽所强调的真心既是个体对生命的真实体验，同时又对这种真心（包括人的私欲）给予了充分肯定，并主张应当满足人的私欲。

"童心说"的价值及其影响

对于李贽来说，"童心说"是他思想的基础，他于社会、政治、经济、文学和史学等方面的思想都由此而来。"童心说"更重要的价值和更为深远的意义则在于它从传统的道德本位转向了人本位，这在中国思想史上还是第一次。儒学强调的是道德本位，程朱理学提出"存天理，灭人欲"后，进一步强化了道德本位的价值观。在长达两千多年的封建社会，个体一直消融在道德本位中，"人"只是作为道德的附庸而存在，根本没有任何独立性。而"童心说"以"自然无伪"为核心，在本质规定上，已剔除了伦理道德的内容。它关注作为个体的人的情感欲望和心理体验，是个体自我意识的觉醒。无论是"真心"还是"最初一念之本心"，都旨在强调心性的主体地位和独立性，因此，"童心"不依附于外物和伦理而存在，人的道德价值被人的生命价值所取代。以此为基础，个人的自我意识得以从"天理"的控制中苏醒，"自我"因此而获得解放。从这个意义上说，"童心说"举起了晚明启蒙思潮的大旗。

李贽的"童心说"在中国文学史上也占有重要的地位。"童心说"是一种哲学思想，但同时更是一种文学思想。作为文学思想，它直接影响了公安派和汤显祖等文学家，公安派的"性灵说"和汤显祖的"至情论"不仅都从"童心说"中汲取了思想养分，而且与"童心说"一脉相承。

"山河大地"与"清净本原"——李贽的本体论和认识论思想

天下万物皆生于二

李贽认为"天下万物皆生于二，不生于一"；阴阳二气的交感作用是世界的本原，就像夫妻交媾是人之始一样。李贽还批判老子的"道生一，一生二"、朱熹的"理能生气"、《易传》所说的"太极生两仪"等宇宙观，他说："夫妇，人之始也。有夫妇然后有父子，有父子然后有兄弟，有兄弟然后有上下……极而言之，天地一夫妇也，是故有天地然后有万物。然则天下万物皆生于二，不生于一，明矣。而又谓一能生二，理能生气，太极能生两仪，不亦惑欤？夫厥初生人，惟是阴阳二气，男女二命，初无所谓一与理也，而何太极之有。以今观之，所谓一者果何物，所谓理者果何在，所谓太极者果何所指也？若谓二生于一，一又安从生也？一与二为二，理与气为二，阴阳与太极为二，太极与无极为二。反覆穷诘，无不是二，又恶睹所谓一者，而遽尔妄言之哉！故吾究物始，而见夫妇之为造端也。是故但言夫妇二者而已，更不言一，亦不言理。一尚不言，而况言无，无尚不

072

言，而况言无无！何也？""理"是程朱理学的基本范畴，它既是指宇宙与万物生成的本原，又是指"天理"这一先验的道德准则。李贽通过"反覆穷诘"，指出正是"阴阳二气，男女二命"的结合及其相互作用才产生了自然界和人类社会，"一能生二，理能生气，太极能生两仪"都是谬论。从这里可以看出，李贽的思想中已经具有了唯物主义的因子，但遗憾的是，李贽只是在批判程朱理学的客观唯心主义的"理气论"时表现出了唯物主义的倾向，由于过于强调心性的主体地位，他的整个哲学体系因此滑向了唯心主义。

"清净本原"与"山河大地"

按照李贽"天下万物皆生于二"的逻辑推演，"山河大地"自然也是生于阴阳二气。但在李贽的思想中，还有一个更为本原的形而上的精神性的本体，那就是"清净本原"。李贽说："若无山河大地，不成清净本原矣，故谓山河大地即清净本原可也。若无山河大地，则清净本原为顽空无用之物，为断灭空不能生化之物，非万物之母矣，可值半文钱乎？然则无时无处无不是山河大地之生者，岂可以山河大地为作障碍而欲去之也？"佛教禅宗称"本心"为"清净本原"，这个心就是"我"的心，也就是佛教所说的无所不包、无时不在，能够生出大千世界的"妙明真心"。李贽汲取了佛教思想，认为山河大地"皆是吾妙明真心中一点物相耳"，也就是说世间有形的万物都是心中所显现的物象。李贽还认为，"山河大地"与"清净本原"的关系，就好像盐水里边的咸味，咸就在水中；又好像胶青的颜色，胶青就是颜色，都不能分而为二。李贽还把离开"山河大地"的"清净本原"比作"龟毛兔角"，"龟毛兔角"是佛学中常用的一个词语，原意是指乌龟身上生毛，兔子头上长角，比喻不可能存在或有名无实的东西。在李贽看来，"山河大地"就是"清净本原"，"清净本原"就是"山河大地"。这好像是在做兜圈子的语言游戏。但李贽在这里强调的是"真心"对外在世界的体验。

受佛教禅宗思想的影响，李贽还提出了"心即是境，境即是心"的观点。这里所说的"境"，并不是指离开"心"而独立存在的客观环境，而是一个佛学名词。照佛教禅宗的说法，"心之所游履攀缘者，谓之境"，通俗地说"境"是外在世界通过眼、耳、鼻、舌、身、意（佛教称"六根"）的感知后在心中的显现。可见，"境"是由心派生的东西。

在本体论上，李贽在认为天下万物都来自阴阳二气的结合及其相互作用的同时，又虚构了一个精神性的本体。虽然如此，他的价值和进步意义仍然不可低估，因为无论是关于"山河大地"与"清净本原"的论述，还是"心即是境，境即是心"的论断，其目的都是强调人的主体地位，以对抗压抑人性的程朱理学。

天下无一人不生知

在认识论上，李贽提出了"天下无一人不生知"的命题和"是非无定质""不以孔子是非为是非"的论断。"生知"作为一个哲学范畴最早见于《中庸》："或生而知之，或学而知之，或困而知之。"《中庸》的这一论点旨在论证封建等级制度的合理性，那些"生而知之"者是天然的上等人，而"困而知之"的普通民众则注定是被统治、被压迫的下等人。因此《中庸》又说："生而知之者上也，学而知之者次也，困而学之，又其次也。困而不学，民斯为下矣。"程朱理学又沿着这一思想路径，并在前人的基础上提出了"禀气论"，认为人的贤愚贵贱由生而禀受的气所决定，"才禀于气。气有清浊，禀其清者为贤，禀其浊者为愚"，进一步论证封建等级制度的合理性。

李贽不同意儒家的"生知说"和"禀气论"，认为人的认知能力不存在高下之分，提出了"天下无一人不生知"的观点。他说："天下无一人不生知，无一物不生知，亦无一刻不生知者，但自不知耳，然又未尝不可使之知也。"不仅如此，李贽还据此得出了"人人皆能成佛成圣"和"圣人不曾高，众人不曾低"的结论。

李贽的"天下无一人不生知"的观点渊源于佛教禅宗

"愚人智人佛性本无差别"的佛性说。他曾说："既成人矣，又何佛不成，而更等待他日乎？天下宁有人外之佛，佛外之人乎？"

李贽"天下无一人不生知"的认识论所包含的平等思想对于瓦解封建的等级制度，打破儒家意识形态的垄断地位具有重要的意义。

李贽的社会思想

私者，人之心也——李贽的人性论思想

在中国传统的儒家学说中，私欲一直被看作"恶"，是"天理"挞伐的对象，被排除在伦理道德之外。虽然每个人都有私心是一个基本的事实，但道学家们对"私"字却讳莫如深。不仅儒家如此，佛、道两家也没有能够正视私欲。道家虽然崇尚自然、强调心性自由，却主张以"清心寡欲"的修炼手段来摆脱私欲的困扰；佛教更是彻头彻尾的禁欲主义。而李贽却公开反对"存天理，灭人欲"的道学思想，提出了"私者，人之心也""人必有私"等论断。

李贽重视人的最基本的生活需求，他对泰州学派"百姓日用即道"作了进一步的发挥，提出了"穿衣吃饭即是人伦

物理"的命题。他说："穿衣吃饭即人伦物理，除却穿衣吃饭，无伦物矣。世间种种皆衣与饭类耳，故举衣与饭而世间种种自然在其中，非衣食之外更有所谓种种绝与百姓不相同者也。"李贽将穿衣吃饭这些人最基本的需求作为一切伦理道德的基础。既然如此，一切追求私利的行为，"如好色、好货，如勤学，如多积金宝，如多买田宅为子孙谋……凡世间一切治生产业等事"就都是合理的，也是"人所共好共习"的。因此他提出了"人必有私"的论断："夫私者，人之心也。人必有私，而后其心乃见；若无私，则无心矣。"在这里，李贽将追求私利提高到了人的本性的高度。他还进一步论证说：耕田者知道秋天能有所收获，所以才辛勤劳作；居家者私仓积之获，所以治家必力；为学者是为了博取功名利禄，所以能够潜心于举业；为官者，如没有俸禄之私，虽召之也必定不肯来。从这里可以看出，"私"是一切生产活动和社会发展的推动力。李贽还指出富贵利达是"人之所欲"，这一点，圣人也没有两样。他说："圣人亦人耳，既不能高飞远举，弃人间世，则自不能不衣不食，绝粒衣草而自逃荒野也，故虽圣人不能无势利之心。"接着李贽又以孔子为例说明圣人也是有私心的：孔子一生四处奔波，无非是为了做官，如果鲁国不给他一个司寇的官位，他一天也不能在鲁国安心地待下去；他在鲁国做官仅三个月就狐裘貂皮

"不一而足"，变得阔绰起来，也说明了这一点。

对于道学家们极力宣扬的"无私之所"，李贽认为不仅不符合实际，而且甚为荒诞。他说："然则为无私之说者，皆画饼之谈，观场之见，但令隔壁好听，不管脚跟虚实，无益于事，只乱聪耳，不足采也。"道学家之所以标榜"无私"，一方面是为了愚弄人民群众，妄图剥夺人民群众追求自己利益的权利；另一方面则是为了掩盖自己贪婪的本质，为自己的私欲披上一件道德的外衣。道学家们虽然高喊"无私"，但实际上他们是一群言行不一、自私自利的伪君子。李贽在那封《答耿司寇》的信中就对此进行了揭露，并指责道学家"反不如市井小夫，身履是事，口便说是事，做生意者但说生意，力田作者但说力田，凿凿有味，真有德之言，令人听之忘厌倦矣"，就是说普通百姓比那些"口谈道德，心存高官；阳为道学，阴为富贵"的假道学更可贵。

"人必有私"的论断是李贽从"百姓日用之迩言"中得出的。"迩言"是指普通百姓的浅近之言，是"身履是事，口便说是事，做生意者但说生意，力田作者但说力田"的"有德之言"。"百姓日用之迩言"没有丝毫的伪饰，是人性的自然表现。"迩言"是"善言"，"善言即在乎迩言之中"，因此从"迩言"中所表现的"私"也是善的。李贽说："夫惟以迩言为善，则凡非迩者，必不善。何者？以其非民之中，非民情之所欲，故以为不善，故以为恶耳。"

　　既然人人都有私心，而且这种私心又是善的，那么"趋利避害"和"势利之心"就是合理的。因此，李贽说："趋利避害，人之同心，是谓天成，是谓众巧。"李贽还以伯夷和太公皆就养于周文王、韩信寄食于漂母、陈平与有财势的人交往为例来说明圣人也有势利之心。李贽说："以此观之，财之与势，固英雄之所必资，而大圣人之所必用也，何可言无也。吾故曰：虽大圣人不能无势利之心。则知势利之心，亦吾人禀赋之自然矣！"在李贽看来，势利之心是人的自然本性，无须回避和遮掩。

　　在肯定人的私欲的基础上，李贽明确肯定功利思想。针对董仲舒提出的"正其义不谋其利，明其道不计其功"的观点，李贽批驳道："夫欲正义，是利之也。若不谋利，不正可矣。吾道苟明，则吾之功毕矣。若不计功，道又何时而可明也？"李贽认为道义并不是超功利的，而是以功利为基础的，离开了功利就无道义可言。李贽认为董仲舒实际上并非没有功利思想，他所上的《治安策》，内容都是"趋利而避害"的，因而和他的理论是自相矛盾的。李贽据此反驳说："天下曷尝有不计功谋利之人哉？若不是真实知其有利益于我，可以成吾之大功，则乌用正义明道为邪？"李贽还指责董仲舒："其未得富贵也，养吾之声名以要朝廷之富贵，凡可以欺世盗名者，无所不至。其既得富贵也，复以朝廷之富贵养吾之声名，凡所以临难苟免者，无所不为。"因此，董仲舒是个典型的谋利之徒。

既然"人必有私"，既然"趋利避害"是人的自然本性，那么统治者就必须正视这一客观事实，顺应人们追求物质利益的欲望。李贽说："寒能折胶，而不能折朝市之人；热能伏金，而不能伏竞奔之子。何也？富贵利达所以厚吾天生之五官，其势然也。是故圣人顺之，顺之则安之矣。"人们追求物质利益的冲动是任何力量都挡不住的，统治者只有顺应这一自然之理，尽量满足人们的要求，才能做到社会安定有序。因此，李贽又提出了要"各遂千万人之欲"，使"天下之民，各遂其生，各获其所愿"，在李贽看来这才是最大的"道"。

李贽肯定私欲，肯定人人都有"势利之心"和"趋利避害"之心，并且主张"各遂千万人之欲"，但这并不意味着李贽有纵欲主义思想，更不意味着李贽提倡非道德论。相反，李贽非常注重和珍视日常生活的伦理道德，他强调子女必须对老人尽孝，在老人"病困时""卧床难移动时"要尽心侍奉，给予精神上的安慰。他批判为了富贵利禄，弃人伦于不顾的"假道学"，他说："往往见今世学道圣人，先觉士大夫，或父母八十有余，犹闻拜疾趋，全不念风中之烛，灭在俄顷。无他，急功名而忘其亲也。"可见，李贽是非常注重孝道的，但是这种"孝道"是基于人类的自然情感的，是真诚的，它不同于封建的纲常伦理的"孝"。李贽不赞成拘泥于子女要为父母守孝三年的"三年之丧"和旨在做给人看的所谓的"孝"。

李贽所主张的道德是以承认个人私利的正当性为前提的，这种道德尊重个体追求私利、追求幸福的权利，是真正的道德；而传统儒学特别是程朱理学所讲的道德，不仅不承认个体的权利，而且公然将"人欲"作为消灭的对象，这种压抑人性的所谓"道德"实际上是最大的不道德。

李贽在强调"人必有私"的同时，也不否认"仁义之心"。他说："虽圣人不能无势利之心，虽盗跖不能无仁义之心。"也就是说和"势利之心"一样，"仁义之心"也是人所共有的。李贽说："盗跖至暴横也，然或过孝子之庐则不入，或闻贞士之邑则散去，或平生受惠即百计投报之不少忘。此皆仁义之心根于天性，不可壅遏……吾故曰：'虽盗跖亦有仁义之心。'"这里的"仁义之心"也是"根于天性"。"势利之心"和"仁义之心"都是"根于天性"，是圣人和普通人都有的，圣人在道德上并不比普通人高贵。李贽从人性的高度出发，揭示了人人都是平等的这一伦理价值。

"人必有私""势利之心""趋利避害"之心是李贽考察

人的自然属性得出的结论。但是李贽并没有停留在人的自然属性上，他同样关注人的社会属性，不过认为社会属性是建立在人的自然属性基础上的。李贽没有直接论述人的社会性，但有两个方面的思想蕴含着他对人的社会属性的认识。

第一个方面是他对"率性之真"和"道"的关系的论述。他说："夫以率性之真，推而扩之，与天下为公，乃谓之道。"这里的"率性之真"既包括"根于天性"的"仁义之心"，更包括"势力之心"。统治者如果能够尊重人的自然属性，尊重人的正常的欲望，并"推而扩之"，从而最大限度地满足人的需求，就能做到"天下为公"，这才是真正的"道"。

第二个方面是李贽对人与动物区别的认识。李贽认为："禽兽虽殊类，然亦有良知，亦有良能，亦知贪生，亦知畏死……何尝有一点与人不同，只是全不知廉耻为可恨耳。若人则必有羞恶之心，是其稍稍不同于禽兽者，赖有此耳。"在李贽看来，"廉耻之心"几乎是人与动物的唯一区别。"廉耻之心"实际上已经触及人的社会属性了。

以上两个方面是相互联系的，"廉耻之心"既是人的社会属性的表现，同时也是人的认知和情感的一个方面，也具有某些自然属性。

从"人必有私"到"以率性之真，推而扩之，与天下为公"，可以看出李贽的人性论思想及其内在的逻辑。李贽的人性论，充分尊重个体的自然权利，他所说的"天下为公"不是抽象的，而是由一个个欲望主体组成的"公"。由此可见，李贽的人性论思想与西方近代自由主义思想有内在的一致性。

圣人不曾高，众人不曾低——李贽的平等观

中国封建社会是一个高度中央集权的君主专制社会，它有两个突出的特点：一是强调尊卑贵贱的等级制度，一是权力支配一切。在这种社会中，依据身份人被分成了三六九等。在政治层面，皇帝是最高的统治者，普天之下的所有人都是他的奴才，都必须听命于皇帝，甚至是"君让臣死臣不能不死"，官场上是下级服从上级；在家庭伦理层面，子女要听命于父亲，有"父叫子亡子不敢不亡"之说；在两性关系上，妻子要听命于丈夫。整个社会毫无平等可言。儒家思想拼命为这种不平等制造理论根据，从孔子的"惟上智与下愚不移"、孟子的"劳心者治人，劳力者治于人"、韩愈的"性三品"说、程朱理学鼓吹的"气禀清浊说"，无一不在对人们进行着奴化教育，不仅强化着政治、经济和社会领域的种种不平等，而且将人们驯化成没有独立人格的奴才，从而形成了人格的不平等。但是，到了明中后期，儒家的等

级思想开始动摇。先是王阳明提出"良知人人皆有""良知良能，愚父愚夫与圣人同"，其目的虽然在于灭"心中贼"，但客观上却起了泯灭圣人与凡人的分别的作用。

王学发展至泰州学派，提出了"百姓日用即道"的观点，认为"百姓日用条理处，即是圣人条理处"，进一步填平了凡圣之间的鸿沟。但是，泰州学派思想中所蕴含的平等主要是道德上的平等，而且他们自己也没有自觉地意识到这种平等思想并将其进一步发展。

李贽汲取了王学特别是泰州学派思想中所蕴含的平等思想，并自觉地从各个方面展开了论述。李贽提出的"天下无一人不生知"以及"虽圣人不能无势利之心，虽盗跖不能无仁义之心"，实际上强调的就是人的天赋本能以及道德上的平等。在李贽的著作中，有很多阐述平等思想的内容。他首先提出了"致一之理"，就是说人是生来平等的，没有高低贵贱的差别。他说："天下之人，本与仁者一般，圣人不曾高，众人不曾低。"又说："侯王不知致一之道与庶人同等，故不免以贵自高。高者必蹶下其基也，贵者必蹶贱其本也。何也？致一之理，庶人非下，侯王非高。在庶人可言贵，在侯王可言贱，特未知之耳……见其有贵有贱，而不知其致一也；曷尝有所谓高下贵贱者哉？"在这里，李贽明确否认人有高低贵贱之分。不仅如此，李贽认为，圣人和凡人在能力上也是平等的。他说："圣人之所能者，夫妇之不肖可以与能，勿下视世间之夫妇为也……夫妇所不能者，则虽圣人亦必不能，勿高视一切圣人也。"圣人能够办到的事，百姓也一定能办到，百姓不能够办到的事，圣人也一定不能做到，绝不能抬高圣人而贬低百姓。在道德上人人也是平等的，"上与天同、下与地同、中与千圣万贤同，彼无加而我无损者也"。

李贽还提出了男女平等的思想。中国封建社会是一个典型的男权社会，男尊女卑的观念根深蒂固，女性是男性的附庸，"在家从父，既嫁从夫，夫死从子"。她们不仅没有任何独立性，而且被剥夺了受教育的权利，"女子无才便是德""女人不可学道"就是这种思想的反映。李贽对男尊女卑的观念进行了深刻的批判，提出了"大道不分男女"的论断。他认为妇女也有接受教育的权利，有探讨和研究自然之道、性命之道乃至治国之道的权利。当李贽因与梅澹然的交往遭道学家非议，朋友出于好意以"妇人见短，不堪学道"为由规劝他停止与女性的交往时，他反驳说：说人有男女之别可以，但怎么能说见识有男女之别呢？可以说人的见识有长短之分，但怎么能说男子之见尽长、女子之见尽短呢？在这里，李贽明确反对男尊女卑的思想，反对歧视妇女，认为男女在能力见识上是平等的。李贽不仅从理论上论证男女平等，而且在《初潭集》卷二中着重记述介绍了二十五位女性的事迹，"此二十五位夫人，才智过人，识见绝甚"，"男子不如也"。在《初潭集》卷四中李贽还记述了许多虽然身世不幸，但才智不凡、胆识超群的女子，称她们是"真男子"，并感叹说："然天下多少男子，又谁是真男子者？"李贽用历史事实验斥了男尊女卑的陈腐观念。

男尊女卑观念的另一个表现是认为女人具有先天的道德缺陷，不仅靠不住，而且是"祸水"。夏桀因宠幸妹喜、商纣因宠幸妲己而亡国，唐玄宗因宠爱杨贵妃而引发安史之乱，等等，都将立国的罪名加诸女人身上。李贽援引历史事实，对"女人祸水论"进行了无情的批判。他说："然汉武以雄才而拓地万余里，魏武以英雄而割据有中原，又何尝不自声色中来也……吾以是观之，若使夏不妹喜，吴不西施，亦必立而败亡也。周之共主寄食东西，与贫乞何殊，一饭不能自给，又何声色之娱乎？固知成身之理，其道甚大，建业之由，英雄为本，彼琐琐者，非特才妄断，果于诛戮，则不才无断，威福在下也。此兴亡之所在也，不可不慎也。"李贽认为国之兴衰和个人事业的成败与女人毫无关联。汉武帝雄才盖世，开拓疆土达万余里，曹操英武绝伦，一举统一了北方。他们又何尝不恋声色？相反，东周王室为天下共主，贫穷得像乞丐一样，要靠诸侯的施舍才能生存，可以说没有声色之娱乐，但照样衰亡。可见，国家的兴衰与女人没有直接关系,而是由统治者自身素质所决定。即使夏朝没有妹喜,吴国没有西施,以夏桀和吴王阖闾的残暴和昏庸,也逃脱不了亡国的命运。在李贽看来,"女人祸水论"是十分荒谬的,是俗儒对妇女的诬蔑,这也说明了腐儒根本治理不好国家。

李贽的平等思想涉及的主要是人性的平等和道德上的平等,政治、经济方面较少涉及,而且李贽也没有深入分析不平等产生的根源,但是李贽揭示了儒家等级思想的荒谬性,动摇了君主专制统治秩序。

李贽的爱情观和贞操观

在中国传统社会,儒家伦理强调"男女授受不亲",人们根本没有恋爱和婚姻的自由,婚姻的缔结取决于"父母之命,媒妁之言";如果男女之间私订终身,就会被看作违背"礼法"和伤风败俗的行为。但是李贽却对自由恋爱给予了高度的肯定,这表现在他对卓文君与司马相如恋爱故事的评价上。

卓文君,西汉临邛(今四川邛崃)人,是大富商卓王孙的女儿,才貌双全,精通琴棋书画,年轻时就守寡在家。司马相如是成都的大才子,但是家境贫寒。他很早就仰慕卓文君的美貌和才华,便故意到卓文君家饮酒,借琴声表达对卓文君的爱慕之情。文君对司马相如一见倾心,遂以身相许,深夜与相如私奔至成都,有情人终成眷属。司马相如后来成为著名的文学家。

卓文君与司马相如的恋爱故事，在今天已经是家喻户晓。然而在封建社会，在道学家眼里，卓文君是"失身于司马相如"，是伤风败俗，卓文君的父亲也以女儿私奔为耻。对此，李贽驳斥道："正获身，非失身！"李贽认为，卓文君随司马相如私奔是"善择佳偶"，是对爱情、对幸福的勇敢追求。

李贽还肯定寡妇再嫁。程朱理学特别看重妇女的贞操，强调妇女要从一而终，即使被丈夫抛弃或是丈夫死去，也不可再嫁。这实际上是对妇女的一种性压迫。汉代以后，社会对贞操就日益重视，但还不甚严格，寡妇再嫁、离婚改嫁的现象仍旧十分普遍。至宋朝，程朱理学大谈"饿死事小，失节事大"，极力反对寡妇再嫁，对女性贞洁的道德要求走向了极端。到了明朝，统治阶级更是极力褒扬、奖励妇女守节，并用法律形式将其制度化。朱元璋颁布诏令："民间寡妇，三十以前夫亡守制，五十以后不改节者，旌表门闾，除免本家差役。"由于统治阶级的提倡，特别是经济利益的驱动，有些地方出现了家族逼迫妇女守节甚至是殉死的风俗。节烈观是不人道的，不公正的，它不仅剥夺了妇女追求幸福婚姻的权利，而且使人性被扭曲，遭压抑。李贽明确反对逼迫妇女守节，他对卓文君的赞美，不仅是对其追求爱情的称许，而且是对封建节烈观的反对。

—— 第 3 章 ——

政治经济思想

李贽的政治思想

明朝中后期，高度集权的君主专制制度越来越阻滞社会的发展。李贽认为，传统的政治体制是"驱天下大力大贤尽纳之水浒"的一种制度。他深入批判了以"德礼政刑"为基础的政治体制，在此基础上提出了"至人之治"的政治理想。

对"德礼政刑"和"君子之治"的批判

"德礼"和"政刑"是统治阶级进行专制统治的两种基本手段。"德礼"包括德治和教化，"政刑"包括政令和刑罚。统治者通过"德礼"来钳制和禁锢人们的思想,通过"政刑"来限制和规范人们的行动,这就是李贽所说的"有德礼以格其心,有政刑以絷其四体",其结果必然是"贪暴者扰之而'仁者'害之"。人们因此失去了人身自由。李贽对这种制度进行了深刻的批判,他说:"夫天下之人不得所也久矣,所以不得所者,贪暴者扰之,而'仁者'害之也。'仁者'以天下之失所也而忧之,而汲汲焉欲贻之以得所之域。于是有德礼以格其心,有政刑以絷其四体,而人始大失所矣。"李贽不仅反对贪暴者,而且也反对被儒家思想所尊崇的"仁者",反对儒家所倡导的"君子之治"。贪暴者肆意盘剥人民,使人民不得其所,固然可恨;由于"仁者"不是遵从百姓的意愿,而是从自己的一己之意出发,妄图通过"德礼政刑"使人们思想和行动整齐划一,因此同样成为人们的祸害。"君子之治"是儒家的最高政治理想,但是李贽认为,由于"君子之治"从自己的好恶出发,"以有方之治而驭无方之民",是非常荒谬的。他说:"且君子之治,本诸身者也……本诸身者,取必于己……夫人之与己不相若也。有诸己矣,而望人之同有;无诸己矣,而望人之同无。此其心非不恕也,然此乃一身之有无也,而非通于天下之有无也,而欲为一切有无之法以整齐之,惑也。于是有条教之繁,有刑法之施,而民日以多事矣。"在李贽看来,"君子之治"不仅不能把社会治理好，反而使"民日以多事""导之使争"。

李贽不仅反对"仁者"，反对"君子之治"，甚至认为君子比小人更可怕，据此他提出了"君子误国论"和"清官之害甚于贪官论"："公但知小人之能误国，而不知君子之尤能误国也。小人误国犹可解救，若君子而误国，则未之何矣。何也？彼盖自以为君子而本心无愧也。故其胆益壮而志益决，孰能止之。如朱夫子亦犹是矣。故予每云贪官之害小，而清官之害大；贪官之害但及于百姓，清官之害并及于儿孙。"儒家强调义利之辨，强调"小人"和"君子"的分野，主张治国只能用"喻于义"的"君子"，从而使道德评判代替了政治实践。"君子"常常是排斥功利的，但是在政治实践中，一切社会变革都是以功利为目的的，"君子"们往往以道德伦理为借口反对社会变革，而且他们自以为是君子，有一种道德上的优越感，因此在推行自己的政治主张时，无所顾忌，"胆益壮而志益决"，结果不仅是误国误民，而且阻碍了社会的进步，其害"并及于子孙"。

对专制制度人才思想的批判

在君主专制体制下，君主为了维护一己之天下，在用人上，通常是重用唯君命是从的奴才，而视真正有治国用兵之才的豪杰之士为威胁，将其排除在官僚政治之外，其结果便是"小德役大德，小贤役大贤"，最终导致"驱天下大力大贤而尽纳之水浒"的局面。虽然大部分开国皇帝在夺取天下时也曾不拘一格重用各方面的人才，但并不能说明他们尊重人才，所谓的重用不过是将这些人才看作自己的奴才而已。这一点，李贽看得很透。当袁宏道兄弟三人向他问起刘邦与韩信的关系时，李贽回答说："（韩信）真可笑。蒯通说得极透彻，尚然不醒。渠（指刘邦）解衣推食，为着甚的，不过诱你作他奴才耳！这等岂可唤作恩，可称呆狗！"既然是奴才，皇帝自然可以将他们玩弄于股掌之间，因此在政权稳固后，他们就动用各种卑劣的手段肆意摧残人才，结果使许多开国功臣都落得个"兔死狗烹"的下场。刘邦如此，朱元璋亦如此。实际上，无论是统治阶级推行的儒家教化手段，还是科举考试制度，都是为了控制知识分子的思想，以造就唯命是从的奴才。

一方面，统治阶级通过各种手段驯化并重用奴才；另一方面，不仅将有真才实学的豪杰之士排除在官僚政治之外，而且由于担心他们对其政权构成威胁，千方百计迫害豪杰，甚至必欲杀之而后快，结果使很多豪杰之士被迫走上同官府对抗的道路。李贽认为，这些"盗贼"有才气、魄力和胆识，是那些只知"打恭作揖，终日匡坐，同于泥塑"的官吏和道学先生所无法比拟的。李贽还以林道乾为例，作了进一步的阐述。

林道乾是当时横行东南沿海的大海盗，福建人。李贽寄居黄安耿定向家时，耿定向的弟子吴少虞（人称"吴大头巾"）曾戏谑李贽说："公可识林道乾否？"当时，因林道乾是福建人，"故凡戏闽人者，必曰林道乾"。听了吴少虞的话，李贽非但没有一丝的怒意，反而问道："余谓尔此言是骂我耶，是赞我耶？若说是赞，则彼为巨盗，我为清官，我知尔这大头巾绝不会如此称赞人矣。若说是骂，则余是何人，敢望道干之万一乎？"接着，李贽又滔滔不绝地称赞起林道乾来："夫道干横行海上，三十余年矣。自浙江、南直隶以及广东、福建数省近海之处，皆号称财赋之产，人物噢区者，连年遭其荼毒，攻城陷邑，杀戮官吏，朝廷为之旰食。除正刑、都总统诸文武大吏外，其发遣囚系，逮至道路而死者，又不知其几也，而林道乾固横行自若也。今幸圣明在上，刑罚得中，倭夷远遁，民人安枕，然林道乾犹然无恙如故矣。称王称霸，众愿归之，不肯背离。其才识过人，胆气压乎群类，不言可知也。设使以林道乾当郡守二千石之任，则虽海上再出一林道乾，亦绝不敢肆。设以李卓老权替海上之林道乾，吾知此为郡守林道乾者，可不数日而即擒杀李卓老，不用损一兵费一矢为也。又使卓老为郡守时，正当林道乾横行无当之日，国家能保卓老决能以计诛擒林道乾，以扫清海上数十年之逋寇乎？此皆事之可见者，何可不自量也？"李贽认为，假如国家能用林道乾这样的豪杰之士为郡守或县令，"又何止足当胜兵三十万人"？假如用他们为"虎臣武将"，给他们调兵遣将的权力，朝廷自然不会有后顾之忧。但现实却是统治阶级因担心豪杰之士威胁自己的政权，以为重用他们"必乱天下"，因此不仅"弃置此等辈有才有胆有识之者而不录"，而且还千方百计地禁锢压制他们，"故使豪杰抱不平之恨，英雄怀罔措之戚，直驱之使为盗也"。

在李贽看来，林道乾之类的"盗贼"都是被逼无奈才起而造反的，但这又不同于传统的"官逼民反"思想。传统的"官逼民反"思想认为人们由于饥寒交迫不能生存下去被迫起而造反；而李贽在这里所强调的是豪杰之士由于怀才不遇、才华被压抑而造反。在这里，李贽一方面是期望统治阶级能够重用有真才实学的豪杰之士，一方面也是强调个人发展的合理性。

儒者不可以治天下国家

李贽否定了"德礼政刑"，否定了"君子之治"，实际上也就从整体上否定了儒家的政治思想，据此他得出了"儒者不可以治天下国家"的结论。李贽认为，儒家特别是程朱理学反对社会功利，拘泥于僵化的道德伦理教条。在这种思想的教化下，大部分知识分子和各级官僚只知空谈道德，没有真才实学。不仅如此，他们还故步自封，反对一切旨在富国强兵的社会变革。这是由儒家思想的保守性所决定的。儒家思想厚古薄今，它的创始人孔子就提出了"克己复礼"的概念，终生以恢复上古三代的"圣王之制"为己任。程朱理学更是进一步发展了孔子的复古主义思想，提出了"三代以上是天理流行，三代以下是人欲流行"的谬论。对儒家的复古主义思想，李贽进行了深刻揭露，他说："儒臣虽名为学而实不知学，往往学步失故，践迹而不能造其域，卒为名臣所嗤笑。其实不可以治天下国家，亦无怪其嗤笑也。"儒臣只会邯郸学步，一味踩着别人的足迹，根本不懂"为道屡迁，变易匪常"和"治贵适时，学必经世"的道理，结果只能是"操一己之绳墨，持前王之规矩，以方构欲入圆凿"，如此怎能治理国家？怎能不为天下乃至后世所嗤笑？

李贽认为，之所以说"儒者不可以治天下国家"，还有两个重要的原因。

第一是儒者受纲常名教之累，顾虑太多。李贽说："成大功者必不顾后患，故功无不成。商君之于秦，吴起之于楚是矣。而儒者皆欲之。不知天下之大功，果可以顾后患之心成之乎否也？吾不得而知也。顾后患者必不肯成天下之大功，庄周之徒是已。是以宁为曳尾之鱼，而不肯受千金之币；宁为濠上之乐，而不肯任楚国之忧。而儒者皆欲之。于是乎又有居朝廷则忧其民，处江湖则忧其君之论。不知天下果有两头马乎否也？吾又不得而知也……此无他，名教累之也。以故瞻前虑后，左顾右盼，自己既无一定之学术，他日又安有必成之事功耶？又况依仿陈言，规迹往事，不敢出半步者哉！"这段精彩的论述将儒者瞻前顾后、首鼠两端的形象刻画得淋漓尽致。李贽为了说明"成大功者必不顾后患，故功无不成"的道理，还列举了一系列的历史事实：墨子之学术贵俭，即使天下人说他一毛不拔不恤也不在乎；商鞅之学术贵法，申子之学术贵术，韩非子之学术兼贵法、术，即使天下人说他们残忍刻薄也全然不顾；陈平之学术贵诈，张仪、苏秦之学术贵纵横，即使天下人说他们反复无信也不在意……五代十国时的冯道"不忍无辜之民日遭涂炭"，不在乎人们骂他背弃君臣大义，历经四朝，事奉五姓。李贽认为，这些人不为纲常名教所累，"都有一定之学术"，从而成就了一番伟业；而那些没有真才实学的儒者，总是想"选择其名实俱利而兼得之"，注定难成大事。

第二是儒者重文轻武。李贽在《孙子参同》中说："惜乎儒者不以（孙子兵法）取士，以故弃置不读，遂判为两途，别为武经，右文而左武。至于今日，则左而又左，盖左之甚矣。如是而望其折冲于樽俎之间，不出户庭，不下堂阶，而制变万里之外，可得邪？个个皆能抱不哭孩儿，一闻少警，其毒尚不如蜂虿，而惊顾骇愕，束手无措。即有正言，亦不知是何说；即有真将军，亦不知是何物。'此句不合论语'，'此句不合孝经'，'此说未之前闻'，'此人行事不好'，'此人有处可议'。呜呼！虽使孙武子复生于今，不如一记诵七篇举子耳。二场、三场，初不省是何言语，咸自为鹿鸣、琼林嘉客，据坐瑶堂，而欲奔走孙武子于堂下矣。岂不羞欤？"在《藏书·世纪列传总目·后论》中李贽也表达了相似的观点，他说："自儒者以文学名为'儒'，故用武者遂以不文名为武，而文武从此分。"其结果就是"托名为'儒'，求治而反以乱"。因此李贽悲愤地说："千万世之儒，皆为妇人矣！""儒者之不可以治天下国家，信矣！"

在儒家思想占绝对统治地位的中国，李贽公开提出"儒者不可以治天下国家"的论断，无异于公开向整个统治阶级宣战，也显示了李贽非凡的见识和魄力。

至人之治

李贽任姚安知府期间，他在为姚州知州罗琪所作的《论政篇》中阐述了自己的政治理念，提出了"因其政不易其俗，顺其性不拂其能"的"至人之治"。"至人之治，因乎人者也……因乎人者恒顺于民。"李贽认为，天下的事物千差万别，人的才能、性情和喜好也都不一样，当政者不能从自己的好恶出发，强天下之人以从我，必须"只就其力所能为与心之所欲为，势之所必为者以听之，则千万其人者各得其千万人之心，千万其心者各遂其千万人之欲"；"天下之民各遂其生，各获其所愿有"，国家自然就会治理好。因此，李贽反对"以己治人"，主张"以人治人"，就是说尊重每个人的个性而听其自治。如果"以己治人"，那就是把自己的意志强加给百姓，就是禁锢百姓，根本不能把社会治理好；如果听其自治，"则条教禁约，皆不必用"，社会自然会安定有序。

李贽从"人必有私"的自然人性论出发，主张统治者应该尊重和顺从民欲。他认为，"民之所欲"就是善，反之就是不善。那么，如何认识"民之所欲"呢？这有两条途径：一条是通过自身的生命体验，然后"推己及人"；一条是通过对普通百姓生活的考察，倾听百姓的声音。

"推己及人"，首先要做到真实无欺，就是说要出自"童心"。在《孟子·梁惠王下》中，齐宣王坦率地承认自己好货、好色、好勇，而不是像道学家那样为自己的私欲披上道德的外衣。李贽非常欣赏齐宣王的坦诚和直率，认为齐宣王如果能够由自己好货、好色而"推己及人"，与老百姓同其好恶，那么齐国的男女就都能有美满幸福的婚姻，齐国人就都会衣食无忧。统治者如果能够以真诚无欺的态度"推己及人"，就会自觉地尊重每一个人追求幸福的权利，社会就会安定有序。

要充分了解百姓的欲求，除了"推己及人"外，还必须善于倾听百姓的声音。李贽认为，舜就经常深入社会底层进行调查研究。对于"上人所不道，君子所不乐闻"的街谈巷议、俚言野语，舜都能够认真倾听，因此，他对老百姓的好恶了然于胸。

李贽认为，治理国家的最高境界就是"以百姓之心为心"。就是尊重和顺应百姓的意志和欲求。

李贽的经济思想

李贽的经济思想是建立在"人必有私"这一人性论基础上的。如前所述，传统的儒家思想重义轻利，排斥功利思想，是道德本位的。在这种思想的浸染下，士大夫阶层往往一味强调道德修养，并以此控制人们的思想，而对国计民生问题却不够重视。脱离了经济基础，道德就只能是空中楼阁，其结果就是士大夫官僚阶层只会空谈道德，没有真才实学，乏理财用兵之术，以至于当遭遇灾荒或民族危机时，国家竟无人可用。但是，到了明朝中后期，商品经济有了很大的发展，受此影响，人们开始突破儒家意识形态的束缚，拼命地追求金钱，大胆地言利。商品经济的发展客观上要求与之相适应的经济思想。李贽的经济思想就是在这种背景下产生的。

李贽的经济思想散见于《焚书》《续焚书》《藏书》《明灯道古录》等著作中，有些内容前面也有所涉及。这里我们进一步归纳为以下几个方面。

重视民生问题

李贽关注百姓的物质需求，提出了"穿衣吃饭即是人伦物理"的命题，这实际上是把民生问题放在了首位。为了破除儒家意识形态的束缚，李贽在《四书评》中对《大学》的最后一章从民生的角度作了新的阐释。该章以"平天下在治其国"为主题，具体论述了五个方面的内容。一、君子有絜矩之道，即以身作则，推己及人。二、民心的重要：得众则得国，失众则失国。三、道德的重要：德本财末。四、用人的问题：唯仁人为能爱人，能恶人。五、利与义的问题：国不以利为利，以义为利。这部分内容本来是阐述儒家道德本位的治国思想，但李贽用民生的眼光，认为这章所讲内容"全在理财"，强调民心和道德的重要性，即使用人问题也是围绕"理财"。在道学家看来，倡导"理财之道"是"人欲"的表现，是和儒家"存天理，灭人欲"的修身之道相悖的，而李贽认为理财也是"修身大道"，是修身的重要组成部分。李贽批评宋明道学家虽然重视《大学》，却不明白其中的深意，而士子们更是仅仅把它当作猎取功名利禄的根据。李贽从《大学》中读出了关心百姓疾苦、以解决民生问题为急务的理财之道，并从中得出了"不言理财者，绝不能平治天下"的论断。在这里，他实际上是借评《大学》阐释自己的思想。

李贽对民生问题的关注，还体现在他的荒政思想上。对于救荒问题，朱熹认为"赈济无奇策""自古救荒只有两说：第一是感召和气，以致丰穰；其次只有储蓄之计"。明代，尤其是万历年间，灾荒频仍，一些道学家却依然散布朱熹"赈济无奇策"的谬论，这实际上是在逃避责任。李贽对此非常愤慨，指出，"救荒无奇策"是"俗儒之妄谈"，对于百姓是一大祸害。李贽认为，平时多积蓄粮食以备灾荒固然重要，但临时的救荒之策同样重要。李贽在《复邓鼎石》的信中指出，灾荒发生时，粮价是平时的十倍，这是形势使然。李贽建议此时由官府出资，派得力可靠的商人前往当年粮食丰收的地区收购，运到灾区后平价卖给百姓。这样既稳定了粮食价格，又使商人有利可图，调动了他们长途贩粮救荒的积极性。最重要的是此法可使百姓免遭饥饿的威胁。

如前所述，儒家反对社会功利思想，重文轻武，具体到政治实践中就是强烈反对以富国强兵为目的的任何社会经济政策。历来的儒家学者都痛骂汉武帝时的理财能手桑弘羊。桑弘羊通过"均输法""平准法"和"盐铁官营"等措施大大增强了国家的经济实力，保证了对匈奴作战的财政供给，解除了匈奴的威胁，既利国又利民。但是桑弘羊的这些政策，违背了儒家"讳言财利"的信条，因此在当时就遭到儒生和许多士大夫的激烈反对，后世的儒者也将桑弘羊看作"言利小人"和"聚敛之臣"的典型，对其横加非议。《汉书》不为他立传；司马光斥责他与民争利，说"其害甚于加赋"；苏轼甚至说"自汉以来，学者耻言商鞅、桑弘羊"，"言之则污口舌，书之则污简牍"。李贽则对桑弘羊及其实行的经济政策给予了高度的评价，认为这些经济政策符合国家和广大民众的长远利益，奸商和贪官污吏获利本就是非法所得。

自由竞争的经济思想

"重农抑商"是我国传统的经济思想，也是历代封建王朝的基本国策。不可否认，这一思想和政策，在一定历史时期特别是生产力不发达的情况下，对于恢复和发展农业生产、保障人们的生活起过一定的积极作用。但是它的消极影响也是显而易见的，它严重抑制了商品经济的发展，维护了落后的生产力和生产方式，强化了自给自足的小农经济和以此为基础的君主专制制度；特别是到了明朝中后期，商品经济有了很大发展，在某些地区甚至出现了资本主义的生产方式，这一思想和政策的消极作用就日益明显起来，它严重制约了市场的发展，阻碍了社会进步。对"重农抑商"观念，明中后期的许多思想家都进行了批判，如针对"士农工商"的等级排序，王阳明就提出了"四民异业而同道"的"新四民"论，认为，士以修身治国为务，农业生产人们生存所必需的生活资料，工业为人们提供生产资料，商业使人们互通有无，都是以满足人们的需求、改善人们的生活为旨归，都是平等的。但是，王阳明没有对商品经济作进一步的阐释。

李贽则从更广泛的意义上反对"重农抑商"，对商品经济的属性作了进一步阐释。他从商品交换的角度出发来考察一切社会关系，得出了"天下尽市道之交"的结论，就是说一切社会关系都是交换关系。基于这样的认识，李贽认为一切工商业活动都具有天然的合理性；李贽还肯定自由竞争的经济秩序，认为弱肉强食是自然规律，"强者弱之归，不归必并之；众者寡之附，不附必吞之"。李贽反对政府干预经济活动，主张就每个人"力之所能为，与心之所欲为，势之所必为者以听之，则千万其人者，各得其千万人之心。千万其心者，各遂千万人之欲"，就是最大限度地发挥每个人的能力，满足每个人的欲望。这与18世纪英国古典自由主义经济学家亚当·斯密反对政府干涉、肯定人们自由地追求个人利益的思想非常相似。

第4章

文 学 思 想

　　李贽的文学思想是建立在其"童心说"基础上的。在创作论上，从自然人性论出发，李贽倡导抒发自然情感，表现自我的个性化写作，提出了"自然之谓美"的命题；他认为"童心"是艺术的本源，"天下之至文未有不出于童心焉者也"。在文学的功能上，李贽将自我愉悦作为创作的目的。在文学的体裁上，受"文以载道"思想的影响，很长时间以来，戏曲、小说之类的通俗作品被看作优伶之作、稗官野史，被排除在正统文学之外，而李贽认为，只要是出自童心，只要是基于真实的自然情感，文学作品不受体裁的限制，因此他对戏曲和小说给予了很高的评价，并评点了大量的戏曲和小说。

文学的创作源泉和表现方法

　　文学究竟是什么？文学首先是一种艺术，这种艺术源于个体对生命的体验，来自生命本身，相应的文学的内容也应当以关注自我、张扬个性为主题。但是，自战国秦汉以来，中国文学一直以"文以载道"的思想为创作理念，至宋朝时，朱熹更进一步提出："道者文之根本，文者道之枝叶"，"文皆从道中流出"，将"道"提高到了文学本体的高度，从而完全否定了文学的艺术性和审美价值。明代的道学家秉承朱熹的谬说，力倡为文要"本乎道"，"循着孔孟血脉，明明白白走着孔孟路径"。以上所说的"道"是指以孔孟之道和程朱理学为主要内容的封建伦理纲常，是李贽所说的外在的"闻见道理"，"道"代替"自我"成了文学表现的主题。"文以载道"的思想使文学遭到异化，成为载"道"之器和传"道"手段，文学因此成为"道"，即儒家意识形态的附庸。

　　李贽从小就有着强烈的自我意识，在批判封建伦理纲常的基础上，提出了"童心说"，认为"童心"是创作的源泉。他说："天下之至文，未有不出于童心焉者也。"如果能够固守心灵的本真状态，"则道理不行，闻见不立，无时不文，无人不文"；反之，如果"童心"被作为"道学之口实，假人之渊薮"的"六经"、《论语》、《孟子》之类的"闻见道理"所遮蔽，文学的创作主体便会被名利所累，刻意掩饰本性和真情，从而失去自我，成为"言假言、事假事、文假文"的"假人"。以"假人"写"假文"，不仅使文学异化成儒家意识形态的附庸，而且使文学丧失了艺术生命和审美价值。

李贽不仅指出"童心"是创作的源泉，而且认为凡是出自"童心"、表现人的自然情感的作品都是美的，从而提出了"自然之谓美"的命题。从这一认识出发，李贽倡导关注自我、抒发自然情感的个性化写作。每个个体对生命的体验都是独特的，因此在文学创作上，不能拘泥于固定的模式，不能千篇一律，而是要自由地抒发真情实感。因此李贽说："拘于律则为律所制……故以自然之为美耳，又非于情性之外复有所谓自然而然也。故性格清彻者音调自然宣畅，性格舒徐者音调自然疏缓，旷达者自然浩荡，雄迈者自然壮烈，沉郁者自然悲酸，古怪者自然奇绝。有是格，便有是调，皆情性自然之谓也。莫不有情，莫不有性，而可以一律求之哉?"不管是宣畅、疏缓、浩荡、壮烈还是悲酸、奇绝，都是创作主体对自我心灵世界的自由展示。李贽肯定了文艺之美来自个体对生命独特的心理体验。

如前所述，"童心"包括认知、意志和情感。在阐述其文学思想时，李贽特别注重情感在文学创作中的作用，强调情感至上。他认为文学的感染力就在于它是一种情感活动，能够引起人情感共鸣，缺乏真情实感的文艺是没有生命力的。李贽在读了若无的母亲写给若无的一封信后曾感慨地说："言出至情，自然刺心，自然动人，自然令人痛哭。"虽然中国传统的文学思想也认识到情感与文学的关系，主张"为情而造文"，但是这种情感必须接受"礼"的束缚——"发乎情，止乎礼"。李贽文学思想中的"情"是摈弃了儒家意识形态束缚的"至情"，是从"童心"中自然流淌出来的，没有任何的虚情和矫饰。真正有震撼力的文学作品就是至情的喷涌，因此李贽说："且夫世之真能文者，比其初，皆非有意于为文也。其胸中有如许无状可怪之事，其喉间有如许欲吐而不敢吐之物，其口头又时时有许多欲语而莫可所以告语之处，蓄极积久，势不能遏。一旦见景生情，触目兴叹，夺他人之酒杯，浇自己之垒块；诉心中之不平，感数奇于千载。既已喷玉唾珠，昭回云汉，为章于天矣，遂亦自负，发狂大叫，流涕恸哭，不能自止。宁使见者闻者切齿咬牙，欲杀欲割，而终不忍藏于名山，投之水火。"这段话是李贽创作时的真切感受。在他看来，文学创作是一种源自生命体验的情感宣泄，是个性的自由张扬。

在"至情"创作论的基础上，李贽提出了"发愤著书"说，意指基于"蓄极积久，势不能遏"的悲苦怨愤之情而著书作文。"发狂大叫，流涕恸哭，不能自止"就是创作者悲苦怨愤之情的宣泄，是对"发愤著书"说的最形象化的阐释。"发愤著书"说最早是由司马迁提出的。司马迁认为《周易》《春秋》《国语》《离骚》等经典作品以及自己的《史记》都是"发愤之作"。但是由于受到儒家"温柔敦厚""怨而不怒，哀而不伤"的诗教和"中庸之道"的伦理观的抑制，"发愤着书"说一直受到主流文学思想的排斥。李贽冲破儒家意识形态的束缚，赞美被统治者称为"诲盗"的《水浒传》为"发愤之作"，认为《水浒传》的作者"身在元，心在宋；虽生元日，实愤宋事。是故愤二帝之北狩，则称大破辽以泄其愤；愤南渡之苟安，则称灭方腊以泄其愤"。李贽还指出，"不愤而作，譬如不寒而颤，不病呻吟"，他直斥"今学者唯不敢怨，故不成事"。

文学本来是人类生命活动的一种特殊表现方式，具有艺术的审美价值，但是两千多年来，受"文以载道"的文学观的影响，道德价值代替了艺术的审美价值，文学成为道德教化的手段，抒发自然情感的个性化写作因此遭到以"载道"为主旨的"主流文学"的排斥。"主流文学"实际上已经远离了文学本身。李贽直斥这种文学为"假文"，并说："文非感时发己……皆是无病呻吟，不能工。"换言之，文章如果不是源自个体对生命和现实社会的真切体验，就是无病呻吟，就不具有审美价值。李贽将个体对生命的体验的至性至情作为文学的源泉和主体，倡导个性化写作，以此来对抗"载道"文学，实际上是力图使文学回归其本来面目。

在文学的表现方法上，李贽反对"拘于律"，反对一味遵从外在的种种格律法度和规则技巧。他认为那种处处讲究"结构之密，偶对之切；依于道理，合乎法度；首尾相应，虚实相生"的诗文，都不能说是"天下之至文"。只有打破既有的文法和规范的束缚，才能自由独立地抒发个体的至性至情，才能创作出真正优秀的文学作品。他称何心隐"文字高妙，略无一字袭前人，亦未见从前有此文字，但见其一泻千里，委曲详尽，观者不知感动，吾不知之矣"，称苏轼"片言只字与金玉同声，虽千古未见其比，则以其胸中绝无俗气，下笔不作寻常语，不步人脚故耳"。在李贽看来，好的文学作品都是创作者真情的自然流露，绝不会效法模拟，拾人牙慧。

李贽反对拘泥于外在的格律法度和规则技巧，主张自由地抒发个体的真情实感，但这并不意味着他否定文学的表现手法和技巧。李贽在谈及诗歌的格律时指出："拘于律则为律所制，是诗奴也，其失也卑，而五音不克谐。"但同时他也指出："不受律则不成律，是诗魔也，其失也宂，而五音相夺伦。"这就是说，无论是拘泥于格律还是完全不讲格律，都会导致音律不和谐或五音错乱。拘泥于既定的法度和规则创作不出优秀的文学作品；但没有任何法度，全然不讲究技巧的文学作品就丧失了文学的艺术特性。李贽所倡导的是一种自然主义的文学表现手法，他认为法度和规则不应当先于作品而存在，而应是在对情感的自然表达过程中产生的。它因人而异，并不是千篇一律的外在准则；它是由文艺自身的规律所决定的，而不是人为制造出来的。因此，表现手法和技巧要服从情感表达的需要，"有是格，便有是调，皆情性自然之谓也……而可以一律求之哉？"

对通俗文学的肯定

戏曲和小说是宋明以来兴起的一种新的文学体裁。由于这种文学体裁以市民百姓的生活为主题，反映市民阶层的生活情趣，属于通俗文学，因此自产生之日起就受到以"载道"为己任的主流文学的排斥，虽然很流行，却登不了大雅之堂。另外，明中后期还先后兴起了以前后七子（前七子是指弘治、正德年间的李梦阳、何景明、徐祯卿、边贡、康海、王九思、王廷相，后七子是指嘉靖、万历年间的李攀龙、王世贞、谢榛、宗臣、梁有誉、徐中行、吴国伦）为代表的文学复古运动，他们提出"文必秦汉，诗必盛唐"的口号，极力推崇先秦两汉散文、汉魏古诗和盛唐的近体诗，认为以后的诗文一代不如一代。前后七子的文学复古运动虽然旨在反对华而不实的"台阁体"文学，而且确实也冲垮了其对文坛的统治，但却导致了写诗作文都得模拟秦汉盛唐甚至是公开剽窃古人作品的不良风气。前后七子雄居文坛近百年，窒息了文学的发展。

针对当时复古派的主张，李贽公然提出了"诗何必古选，文何必秦汉"的口号，他认为文学的体裁没有好坏之分，不能以体裁出现的先后论优劣。李贽尤其肯定小说、戏曲等通俗文学的价值，将《西厢记》《水浒传》称为"天下之至文"，盛赞它们与《金瓶梅》为"天下奇书"。李贽称《拜月》"自当与天地相始终，有此世界，既离不得此传奇"。又说："孰谓传奇不可以兴，不可以观，不可以群，不可以怨？""兴观群怨"是孔子对《诗经》的高度评价，是他在《论语·阳货》里提出来的，原文是："《诗》可以兴，可以观，可以群，可以怨。迩之事父，远之事君，多识于鸟兽草木之名。"用现代的语言表述就是：《诗经》可以激发人们的情感，可以反映社会政治和人心的得失，可以增进相互间的沟通和团结，可以抒发怨愤不平；近可以侍奉父母，远可以侍奉国君，还可以多认识鸟兽草木的名称。"兴观群怨"说，反映了孔子对《诗经》的美学价值和社会教化功能的认识，在中国文学发展史上产生了一定的积极作用。但孔子所阐述的文学的社会作用，是以周王朝的伦理道德为标准的：他所说的"兴"，含有诗以礼为规范的意义；他所说的"观"，也主要是对统治阶级而言；他所说的"群"，主要是指统治阶级内部的相互交流；他所说的"怨"，也必须是"温柔敦厚"，"怨而不怒"，符合"中和之美"的原则。李贽用"兴观群怨"说来肯定通俗文学的审美价值和社会作用，同时又抽掉了儒家意识形态的内容。

李贽还热衷于通俗文学的批点工作，他自入龙湖以来，"口不停诵，手不停批者三十年，而《水浒传》《西厢记》尤其所不释手者也"。在给朋友的信中李贽说："《水浒传》批点得甚快活人，《西厢》《拜月》涂抹改篡得更妙。"李贽对通俗文学的评点不仅大大促进了其在社会上的传播，更重要的是它引起了很多文人士大夫对通俗文学的关注，其中有些还加入通俗文学的创作和评点工作，如袁宏道就对小说非常感兴趣，并且也评点过通俗小说，他对小说的关注显然是受李贽的影响。为此，袁宏道曾深有感触地说："人言《水浒传》奇，果奇！予每拣十三经或二十一史，一展卷，即忽忽欲睡去，未有若《水浒》之明白晓畅，语语家常，使我捧玩不能释手者也。若无卓老揭出一段精神，则作者与读者，千古俱成梦境。"袁宏道高度肯定了李贽在通俗小说传播中的作用。当时的书商为扩大通俗类图书的销售，还常常假托李贽批点，时人陈继儒说："坊间诸家文集，多假卓吾先生选集之名，下至传奇小说，无不称为卓吾批阅也！"

李贽对通俗文学价值的肯定及其评点工作，取消了雅文学和通俗文学之间的分野，使小说、戏曲等反映市民阶层生活情趣的新的文学体裁逐渐被社会接受。特别是小说，自宋代产生以来到明中期，一直被看作俗文化，只是通过说书的民间艺人流行于集市和瓦肆，实际上没有进入公共传播领域，但经过李贽等一批文人的努力，至明后期，小说的出版蔚然成风，甚至官营的出版机构也从事小说的出版工作，明代小说因此成为继汉赋、唐诗、宋词之后又一个重要文学体裁。北京大学叶朗先生对李贽在中国小说史上的贡献给予了高度评价，他说，"李贽哲学就是中国古典小说美学的真正灵魂"，"明代中叶以后出现的以李贽为主要代表的思想解放潮流，给了人们以新的理论眼界和理论勇气，很多人把注意的目光从正统的诗文转向市民阶层所喜闻乐见的小说"。这些正说明了李贽对通俗文艺发展的巨大影响和功绩。

文学的功能

为对抗儒家伦理本位的价值观，李贽曾提出"士贵为己，务自适"的治学原则，并宣称："我以自私自利之心，为自私自利之学，直取自己快当，不顾他人非刺……"实际上，李贽是在倡导一种个人本位的价值观。这一价值观反映到文学思想上，就是强调文学的自我愉悦和自我宣泄功能。在给友人的信中，李贽说："大凡我书，皆为求以快乐自己，非为人也。"在评点《水浒传》时，李贽说："天下文章当以趣为第一。"从李贽晚年所写的《读书乐》一诗中也可以看出他对文学功能的认识：

> 天生龙湖，以待卓吾，天生卓吾，乃在龙湖。龙湖卓吾，其乐何如？四时读书，不知其余。读书伊何？会我者多。一与心会，自笑自歌；歌吟不已，继以呼呵，恸哭呼呵，涕泗滂沱。歌匪无因，书中有人；我观其人，实获我心。哭匪无因，空潭无人；未见其人，实劳我心。弃之莫读，束之高屋。怡性养神，辍歌送哭。何必读书，然后为乐？乍闻此言，若悯不谷。束书不观，吾何以欢？怡性养神，正在此间，世界何窄，方册何宽！千圣万贤，与公

何冤！有身无家，有首无发；死者中身，朽者足骨。
此独不朽，原与偕殁；倚啸丛中，其声振鹄。歌哭
相从，其乐无穷！雨阴可惜，蝎敢从容。

在这首四言诗中，李贽描绘了自己读书时的心理感受，随着书籍内容的变化，他时而"自笑自歌"，时而"恸哭呼呵，涕泗滂沱"。但不管情感如何变化，自我的愉悦和情感的宣泄是不变的；而且情感的宣泄也是求得宣泄后精神的快慰自足，实际上也是求得自我愉悦。

在李贽看来，读书是为了追求情感的宣泄和自我的愉悦，创作更应当如此。实际上，他的"发愤著书"说就在于发泄创作者胸中的抑郁和愤懑之情，而且李贽以自己的创作实践着他所倡导的文学的功能。李贽的文章和书信，大都任情而发，汪洋恣肆，读来酣畅淋漓。他自己曾说："凡人作文，皆从外边攻进里去；我为文章，只就里面攻打出来，就他城池，食他粮草，统率他兵马，直冲横撞，搅得他粉碎，故不费一毫气力而自然有余也。"一般人作文章都是"从外边攻进里去"，从外在的道德礼仪和法度规则入手，而李贽为文时则"只就里面攻打出来"，"直冲横撞"，听任内心情感的奔腾宣泄。袁宏道也曾描述过李贽为文时"发狂大叫"的情状："每研墨伸楮，则解衣大叫，作兔起鹘落之状。其得意者亦甚可爱，瘦劲险绝，铁腕万钧，骨棱棱纸上。"李

116

贽在批点文学作品时也是以追求快乐为原则，他批文中用得最多的词语是"真""妙""趣"，其中"妙""趣"体现的就是作品的愉悦功能。

李贽把自我愉悦和情感宣泄看作文学的功能，体现了他对个体的重视。但是李贽并没有因此而否定文学的社会功能，他认为文学的社会功能内在于文学的创作过程中，而文学的创作过程实际上是创作主体自然情感的流露。在"发愤著书"中，不仅创作主体的情感得到宣泄，而且社会的弊病也自然而然地在情感宣泄中被揭露，从而实现文学"兴观群怨"的社会功能。如果不从真实的情感出发，而是依据外在僵化的道德教条进行写作，不仅会使文学丧失自我愉悦功能和审美价值，而且其社会功能也得不到真正的发挥，因此，李贽说："今学者唯不敢怨，故不成事！"秉承儒家"温柔敦厚"的诗教传统，不敢揭露社会的弊病和民间的疾苦，当然就写不出好的文学作品，也就做不出任何有益于社会的事情。

李贽在肯定《水浒传》等通俗文艺作品文学价值的同时，也指出了它们的社会教化功能，他说："故有国者不可以不读，一读此传，则忠义不在水浒而皆在于君侧矣。贤宰相不可以不读，一读此传，则忠义不在水浒，而皆在于朝廷矣……否则（忠义）不在朝廷，不在君侧，不在干城腹心，乌乎在？在水浒。此传之所为发愤矣。若夫好事者资其谈柄，用兵者藉其谋画，要以各见所长，乌睹所谓忠义者哉！"李贽建议上至皇帝宰相，下至兵部、督府的官员，以及其他各级文臣武将都要好好读一读《水浒传》。李贽还推崇戏曲《红拂记》，认为它有"兴观群怨"的社会教化作用，赞美知恩图报的思想以及男女主人公之间忠贞不渝的爱情。

在中国文学思想史上的地位及其影响

李贽在中国文学史上的地位

首先，李贽从自然人性论出发，将"童心"作为文学创作的源泉和主体，提出了"天下之至文未有不出于童心者"的论断，强调文学的自我愉悦和情感宣泄功能，是对"文以载道"的传统文学思想的反叛，这在中国文学史还是第一次。它使文学从道德的束缚中解放出来，恢复了其独立性，重新确立了文学的艺术性和审美价值，在中国文学史上具有极其重要的地位。

其次，李贽主张打破外在的格律法度和规则技巧的束缚，倡导自由地抒发真情实感的个性化写作，高扬了创作主体性，推动了明中叶后个性化创作的兴起与发展。

再次，李贽高度肯定小说、戏曲等通俗文学的价值，称《水浒传》《西厢记》等为"天下之至文"，促进了通俗文学的出版和传播，打破了以诗词、散文为主的雅文学独霸文坛的局面，大大拓宽了文学的领域，是中国文学史上的一次革命。

李贽文学思想的影响

李贽文学思想对中国文学产生了极其重要的影响，它促进了明中叶后新的文学思潮的勃兴，公安"三袁""性灵"说、汤显祖的"至情论"等都受李贽文学思想的直接影响。

袁宗道、袁宏道和袁中道兄弟三人是公安派文学的代表人物，尤其是袁宏道直接师承于李贽，受李贽的影响最直接，也最深刻。在李贽的影响下，"三袁"从传统文学的束缚中解放出来，并影响了整个公安派。他们接过李贽"诗何必古选，文何必先秦"的大旗，对以前后七子为代表的复古主义文学思潮展开了猛烈的批判。袁宏道认为，文学是发展的，随着时代的变迁，文学的体裁和审美价值也会发生变化，任何复古主义的文学思想都是违背文学发展趋势的。他说："夫古有古之时，今有今之时，袭古人语言之迹，而冒以为古，是处严冬而袭夏之葛者也。"袁宏道又进一步提出："古不可优，后不可劣……人事物态，有时而更，乡音方言，有时而易，事今日之事，则亦文今日之文而已矣！"袁宗道也指出："夫时有古今，语言亦有古今。今人所诧谓奇字奥句，安知非古之街谈巷语耶？"他们还反复发出"古何必高？今何必卑？"的呼声。这些思想有力地驳斥了前后七子"文必秦汉，诗必盛唐"的复古主义思想。

在批判复古主义思潮的基础上，袁宏道提出了"性灵说"，主张文章要"独抒性灵，不拘格套，非从自己胸臆流出，不肯下笔"。他还认为，人的个性各不相同，不能强求一致，"率性而行，是谓真人"，因此文学要充分表现作者的个性，表现人的"喜怒哀乐嗜好情欲"，"不效颦于汉、魏，不学步于盛唐，任性而发"。与李贽一样，公安派也是反对拘泥于外在的格律和技巧，认为文学的表现技巧和手法内在于"任性而发"的情感表达中，这就是袁宏道所说的"信腕信手，皆成律变"，这与李贽所说的"拘于律则为律所制""不受律则不成律"基本一致。公安派的这些思想与李贽的文学主张一脉相承，其"性灵说"是对"童心说"的继承和发展。

受李贽的影响，"三袁"对通俗文学亦非常重视，而且袁宏道也曾批点过《水浒传》等通俗文学作品。

"三袁"高扬"性灵说"的旗帜，对当时的文坛震动很大，在他们的影响下，晚明的许多文人加入小品文的创作，这些小品文摈弃了"文以载道"的传统，独抒性灵，具有很高的审美价值。

汤显祖、冯梦龙也深受李贽文学思想的影响。汤显祖很早就读过李贽的《焚书》等作品，非常倾慕李贽。他还曾写信向友人访求李贽的著作："有李百泉先生者，见其《焚书》，畸人也。肯为求其书寄我骀荡否？"与李贽一样，汤显祖强烈反对程朱理学对人性的压抑，认为"天地之性，人为贵""世间只有情难诉"，他的许多作品都以"情"字贯穿始终。汤显祖也强烈反对复古主义文学思潮。他认为"文章之妙，不在步趋形式之间"，而在于独抒己见，他批评前后七子的文章抄袭剽窃"汉史唐诗"，说他们并不懂得作文章的道理。冯梦龙提出了"借男女之真情，发名教之伪药"的文学主张，高度肯定了小说、戏曲和通俗文学的价值，认为它们是"天地间自然之文"，他还认为小说比《孝经》《论语》更具有"可喜、可憎、可悲、可涕、可歌、可舞"的艺术感染力。

对于李贽的文学思想对"三袁"等人的影响，当时的人就有着深刻的认识。明代戏曲家许自昌在《樗斋漫录》中谈到"袁无涯、冯梦龙等，酷嗜李氏之学"；明末清初的钱谦益认为，明代文学思想的解放"唱于公安袁氏，而袁氏中郎、小修皆李卓吾之徒，其指实自卓吾发之"。

———— 第 5 章 ————

史 学 思 想

　　李贽不仅是明代著名的思想家，而且也是进步的历史学家，他的历史著作主要有《藏书》和《续藏书》，这两部书尽管从史料学的角度讲没有多大价值，但从历史观的角度讲，却有极高的价值。李贽的史学思想是建立在他的整个思想体系基础上的。在公开否认"六经"权威性的基础上，李贽阐述了"经与史相为表里"的历史学方法论，提出了"六经皆史"的思想，并强调史学的经世功能；从"童心说"出发，李贽反对以传统的道德标准来评价历史人物，他从功利主义标准出发，重新评价历史人物。

李贽的进步史观

"六经皆史"的思想

自西汉董仲舒提出"罢黜百家，独尊儒术"以来，儒家思想就成为中国封建社会的统治思想，作为儒家经典的"六经"和《论语》《孟子》等因此成为神圣的不容置疑的教条和准则，成为人们顶礼膜拜的对象。史学作为当时的显学虽也受到重视，但仍不过是经学的附庸。明中叶以后，"六经"的神圣地位开始动摇，首先是王阳明提出了"五经皆史"的主张。其后，王世贞也提出"天地间，无非史而已""六经，史之言理者"的观点。如前所述，李贽否认"六经"的权威性，反对将"六经"作为"万世之至论"，在此基础上，他又明确地提出了"六经皆史"的思想。李贽论证了经与史的辩证关系，他说："经、史一物也。史而不经，则为秽史矣，何以垂戒鉴乎？经而不史，则为说白话矣，何以彰事实乎？故《春秋》一经，春秋一时之史也。《诗经》《书经》，二帝三王以来之史也。而《易经》则又示人以经之所自出，史之所从来，为道屡迁，变易匪常，不可以一定执也。故谓六经皆史可也。"这段话实际上是讲了两个问题。第一个问题是

"经史相为表里"，用今天的话说就是史论一致，如果没有历史理论作指导，只是罗列史料，就不能揭示历史发展的规律，就是"秽史"，就不能给后人提供借鉴；反之，如果只是抽象地谈论历史理论，而没有丰富的历史资料作支撑，就只能是讲空话，不能够揭示历史的真实情形。第二个问题是"六经皆史"。李贽认为，《春秋》是春秋时期的历史，《诗经》和《书经》是上古时代的历史，《易经》讲的则是"经之所自出，史之所从来"，实际上是一部讲述历史理论的书。

"六经皆史"对于史学摆脱经学的束缚，提高史学的地位有着重要的意义。

"童心说"与历史创作

在"经史相为表里"思想的指导下，李贽强调史学的经世功能，追求治史原则与目的、治史方法与内容的一致性，以期达到为现实乃至后世提供借鉴的目的。要实现这一目的，历史创作就必须"求真"，而"真"又出自"童心"。因此，李贽主张着史要发自"童心"，尤其是在评论历史事件和历史人物时，必须体现"一人之独见"，不能够为道理闻见所束缚；如果"是非尽合于圣人"，就失去了存在的价值。正是从"童心说"出发，李贽推崇司马迁而贬斥班固。

班固从儒家的正统思想出发，曾批评司马迁说："其是非破谬于圣人，论大道则先黄老而后六经，序游侠则退处士而进奸雄，述货殖则崇势利而羞贱贫。"但李贽认为这恰恰是司马迁的不朽之处，是《史记》的价值所在。司马迁不"以圣人是非为是非"，他的《史记》完全出于真心，是他的"一人之独见"，这一点是后世的史家所不可企及的。因为不为外在的道理闻见所束缚，所以司马迁的《史记》"其文直，其事核，不虚美，不隐恶"。据此李贽提出了"劝善惩恶，正言直笔"的著史原则，主张评价历史人物应当实事求是，做到爱而知其丑，憎而不掩善，善恶俱书。

对于班固，李贽认为他只是一个"文采甚美"的文儒，"只宜依司马氏例"写断代史，不宜"更添论赞于后"，因为写论赞需要对历史有敏锐的洞察力和判断力，即李贽所说的"论赞须具旷古只眼"。由于班固缺乏通古今之变的"旷古只眼"，因此他写的论赞"不免掺杂别项经史闻见，反成秽物矣"。

李贽对司马迁和班固的评价，表明了他对史识的重视。唐代史学家刘知几提出史家必须兼"史学""史才""史识"三长，并且认为史识尤为重要。所谓史学，就是指历史知识；史才，主要是指史家的文笔；史识，则指对于历史的看法观点，是对历史的洞察力和判断力。李贽继承了刘知几"史家三长"的观点，认为《史记》的论赞是司马迁"一人之独见"，体现了他的非凡史识；而班固所缺乏的正是体现历史洞察力的史识，他受儒家义理的束缚，只知"以圣人是非为是非"，没有自己独特的见解，因此《汉书》的论赞就成了狗尾续貂。

史学著作也要表达创作者真实的思想感情，体现其独特的个性，否则就失去了存在的价值。李贽说："若必其是非尽合于圣人，则圣人既已有是非矣，尚何待于吾也。夫按圣人以为是非，则其所言者，乃圣人之言也，非吾心之言也。""（司马）迁、（班）固之悬绝"就在于前者具有旷古只眼的"独见"，而后者则不过是"以圣人是非为是非"的"文儒"。

李贽认为，俗儒们"以孔子是非为是非"，实际上并没有领会孔子的精神。孔子作《春秋》就不曾以古圣人是非为是非。不拘泥于古代圣人的是非标准，正是孔子留给后人的精神财富。孔子的一些思想言论在当时看来是适宜的，但放到后世就不合时宜了。李贽还对左丘明及其《左传》给予了高度评价。《左传》本来是左丘明给孔子的《春秋》作注解的，但他并没有像班固之流的俗儒那样"穿凿附会，比拟推测，以求合于一字一句之间"，而是有着自己鲜明的学术个性，所以西晋的文学家挚虞说："左丘明本为《春秋》作传，而《左传》遂自孤行。"李贽很赞同这一观点。他在给焦竑的信中说：“如左丘明传《春秋》，不可便以《春秋》为经，左氏为传。何者？使无《春秋》，左氏自然流行，以左氏又一经也。”

李贽的历史进化论和经世致用思想

以儒家为代表的正统史观将历史哲学纳入其复古主义的、保守主义的思想体系中，其具体表现就是盛赞上古社会是最理想的社会，认为今不如昔。从这一认识出发，历来的儒者都批判春秋五霸、战国纷争以及秦朝一统天下的霸业，认为春秋五霸侵犯了周天子的权力，是僭越，是大逆不道，将战国时各诸侯国的互相兼并和秦灭六国看作道德泯灭的互相欺诈。如西汉的刘向就称颂上古社会“崇道德，隆礼义”，重礼乐教化，感叹春秋战国以后礼义衰微，贬斥各诸侯国“损礼让而贵战争，弃仁义而用诈谲”；至程朱理学，更是将上古看作天理流行的黄金时代，将以后的社会看作人欲横流的黑暗时代。李贽强烈反对儒家的社会退化论，认为历史是发展的，指出周室衰微，经春秋战国，到秦朝统一全国，是大势所趋。他在《焚书》卷三《战国论》中驳斥刘向等儒者“徒知羡三王之盛，而不知战国之宜”，不懂得“为道屡迁，变易匪常”的道理，他说：“夫春秋之后为战国。既为战国之时，则自有战国之策。盖与世推移，其道必尔。如此

127

者，非可以春秋之治治之也明矣。况三王之世欤！"在这篇文章中，李贽还对春秋五霸给予了高度肯定，认为他们在周室衰微、不能维护国家统一的历史条件下，以"尊王攘夷"为旗帜，联合赞成这一主张的其他诸侯国，讨伐那些不服从周天子之令的诸侯，从而使"天下之势复合于一"，推动了历史的前进。李贽认为春秋时的周王朝就像是一个大家庭的父母卧病在床，不肖子孙遂兴风作浪，而春秋五霸就是这个大家庭的贤能子弟，他们代替卧病的父母行使家长的职权，使"父母赖之以安，兄弟赖之以和"，实际上这就是说春秋五霸的兴起是适应时势的产物。从历史进化论出发，李贽提出了"治贵适时，学必经世"的主张，就是说治国理政之策要随着时代的发展而变化，要因时制宜，学术必须立足于经邦济世。他之所以认为"儒者不可以治天下国家"，就是因为儒者不懂得"治贵适时"的道理，只知按照儒家的教条亦步亦趋，李贽斥之为"效颦学步"。

李贽认为社会的发展是在治乱循环中实现的，自战国以来，历朝历代都没有跳出"一治一乱若循环"的历史发展规律。在每一个朝代草创之初，迫于经济和社会形势，统治阶级不得不质朴节俭，但当社会稳定和经济发展后，又无不奢侈腐化，大肆搜刮聚敛，结果必然会激起百姓的反抗，导致天下大乱。李贽认为即使是圣人也只能顺应这一规律。很显然，李贽"一治一乱若循环"的观点是一种历史循环论，不可能揭示出社会发展的根本原因。但是，李贽的历史循环论与以往的历史循环论有根本的区别。以往的历史循环论以春秋战国时邹衍的"五德终始"说和西汉董仲舒的"三统"论为代表。"五德终始"说将朝代的更迭与阴阳五行学说相比附，认为黄帝是土德，夏禹是木德，商汤是金德，周文王是火德，将来代周的一定是水德，木胜土，金胜木，火胜金，水胜火，土胜水，如此循环往复；"三统"（夏商周三代的正朔的合称。夏正建寅，以正月为岁首，称为人统；商正建丑，以十二月为岁首，称为地统；周正建子，以十一月为岁首，称为天统。每一统崇尚的颜色不同，夏商周三代分别崇尚黑、白、赤，因而三统是指黑统、白统、赤统）说将"五德"改造成黑、白、赤"三统"，认为朝代的更迭只不过是黑白赤"三统"循环往复。"五德终始"说和"三统"论成为历代王朝论证其政权合法性的理论，直到明代仍有很大影响。无论是"五德终始"说，还是"三统"论，都是一种神秘主义的历史循环论，他们将社会变迁的原因归结于"天"。李贽将社会循环变迁的原因归结于社会，归结于人，体现了其进步史观。

《藏书》所反映的史学思想

《藏书》是一部纪传体史书，它在史实上主要取材于历代正史和《资治通鉴》，史料价值并不是太大。但是李贽通过体例的创新和对人物的分类以及总论、专论和评语，集中展现了自己的史学思想。

《藏书》的体例及其所反映的史学思想

《藏书》虽然属于纪传体史书，但它在体例上却有很大创新。传统纪传体史书的主体内容是本纪、世家和列传。李贽将本纪和世家合二为一，创立了"世纪"体。这一创新表面上看来只是本纪和世家的合并，但它摈弃了儒家和历代封建王朝相沿的正统论思想，使纪传体史书不再是帝王的家谱史，具有启蒙价值。

为使读者对《藏书》的体例有一个总体的认识，兹将其篇目列示如下：

第一部分：世纪，共八卷。九国兵争（东周、西周、燕、田齐、魏、赵、韩、楚、秦）——混一诸侯（秦始皇，二世胡亥附）——匹夫首倡（陈胜王）——英雄草创（西楚霸王项籍）——乘时复国（齐王田横）——神圣开基（汉高祖皇帝，孝惠帝附）——明圣继统（汉孝文皇帝，孝景帝附）——英雄继创（汉孝武皇帝）——守成明辟（汉孝昭皇帝）——守成令主（汉孝宣皇帝，元、成、哀、平附）——篡弑盗窃（新莽王氏）——乘乱草窃（公孙述）——圣主重兴（汉世祖光武皇帝）——守成明辟（汉孝明皇帝，章帝以后附）——三国兵争（曹魏、孙吴、刘蜀）——奸臣篡夺（晋司马氏）——南北兵争（南朝、北朝）——混一南北（隋杨坚，隋炀帝杨广附）——因乱使智（魏公李密）——亡命草创（夏主窦建德）——英主肇兴（唐太宗皇帝，唐子孙附）——篡弑巨盗（后梁朱温）——讨逆正位（后唐庄宗，贤主明宗附）——借兵臣虏（后晋石敬瑭）——乘便窃位（后汉刘爵）——因时援立（后周郭威，圣主柴世宗附）——圣主推戴（宋太祖皇帝）——继统人主（宋太宗皇帝，真宗附）——守成贤主（宋仁宗皇帝，英宗附）——求治直主（宋神宗皇帝，哲徽钦附）——偏安一隅（宋高宗，孝宗等附）——附载（辽、金）——华夷一统（元）

第二部分：群臣列传，共六十卷。大臣传（因时大臣、忍辱大臣、结主大臣、容人大臣、忠诚大臣）、名臣传（经世名臣、强主名臣、富国名臣、讽谏名臣、循良名臣、才力名臣、智谋名臣、直节名臣）、儒臣传（德业儒臣、行业儒臣、词学儒臣、史学儒臣、数学儒臣、经学儒臣、艺学儒臣）、武臣传（大将、名将、贤将）、贼臣传（盗贼、妖贼、贪贼、反贼、残贼、逆贼、奸贼）、亲臣传（太子、诸王、外戚、后妃、公主）、近臣传（宦官、嬖幸、方士）、外臣传（时隐外臣、身隐外臣、心隐外臣、吏隐外臣）

自司马迁创立纪传体后，历代的官修史书都遵循"本纪"的体例来给帝王作传，其目的就是"书君上以显国统"。因此，传统的史书实际上是帝王的家谱，一个朝代就是一家一姓的历史。但李贽在《藏书·世纪》中并不专记帝王，他将分裂时期各割据政权以及秦末的陈涉（陈胜）、项羽，隋末的李密、窦建德等农民起义领袖平等地列入"世纪"：在西周、东周以后接着记述战国七雄的历史，以"九国兵分"的题目囊括之；战国以后以"混一诸侯"为题目讲述秦朝的历史，肯定了秦朝统一全国的历史作用；秦朝之后是陈涉、项羽的传记；在讲述了西汉和东汉的历史后，在"三国兵争"的题目下分述魏、蜀、吴三国的历史；西晋以后，李贽又以"南北兵争"为题目，记述了南北朝各国的历史……以"华夷一统"为题讲述元朝的历史。李贽的这种编排方式，既有利于读者从整体上把握中国历史上的治乱分合，同时从这种编排方式中，我们也可以看出李贽能够给各割据政权甚至是少数民族政权以平等的历史地位，表现了其不以儒家的正统论和华夷之变来评价历史的进步史观。

另外，在"世纪"中，李贽只为圣主、贤主立传，而对那些庸主、暴君只附记一笔。如秦朝主要记秦始皇，西汉主要记汉高祖、汉文帝、汉武帝、汉昭帝、汉宣帝，而对于元、成、哀、平诸帝，李贽认为他们都不配称帝，因此只是将他们附在宣帝下一笔带过；东汉主要记光武帝、汉明帝，唐朝主要记唐太宗，对其他皇帝包括唐高祖李渊在内都只是在唐太宗的传记中提及或作极其简略的记述。北宋主要记载太祖、太宗、仁宗、神宗四帝，南宋只记了高宗。李贽打破按时间顺序逐一记载每一个帝王事迹的"本纪"体例，只是有选择性地记述那些为推动历史前进作出过贡献的帝王，凸显了他的经世致用思想。

《藏书》列传部分分类和编排原则也不同于以往纪传体史书。依据传主在历史发展中的作用，李贽将列传分为大臣、名臣、儒臣、武臣、贼臣、亲臣、近臣、外臣八大类。每类又细分为若干小类。这种分类及其排序体现了李贽的经世思想和功利主义价值观。李贽认为大臣是精通学术、"足当栋梁之任"的人，并将其细分为因时大臣、忍辱大臣、结主大臣、容人大臣和忠诚大臣五小类，这五类大臣虽功业各不相同，但"皆可以辅危定乱而致太平"，因此李贽将其放在首位。

就像圣主难逢一样，大臣也很难遇到，因此李贽说：

"大臣又不可得，于是又思其次，其次则名臣是也。"名臣虽不及大臣，他们不一定通晓学术，但却有经世的学问，"亦可以辅幼弱而致富强"。李贽将名臣细分为经世名臣、强主名臣、富国名臣、讽谏名臣、循良名臣、才力名臣、智谋名臣和直节名臣八类，李贽尤其推崇像商鞅、苏秦这样的强主名臣和像桑弘羊、刘晏这样的富国名臣。

对于儒臣，李贽认为他们是在儒家产生以后才出现的，他们"名为学而实不知学"，"不可以治天下国家"，因此，李贽将其放在大臣之后。但是李贽并没有对儒臣全盘否定，而是将其分为七类：德业儒臣、行业儒臣、词学儒臣、史学儒臣、数学儒臣、经学儒臣、艺学儒臣，对各类儒臣中的杰出人物，李贽都给予了肯定。

李贽还批评了儒臣重文轻武的偏见，并为大量的武臣作了传记，高度肯定了他们为国家所作的贡献。在武臣后，李贽又作贼臣传、亲臣列传、近臣传和外臣传。李贽还从治乱兴亡的角度分析了这几类列传的相互关系，他说："武臣之兴，起于危乱，危乱之来，由于嬖宠，故传亲臣、传近臣、传外臣。外臣者，隐处之臣也。天下乱则贤人隐，故以外臣终焉。"

从《藏书》的体例及其分类和编排原则可以看出，在历史观上，李贽不仅打破了儒家的正统论史观，而且破除了儒家以富国强兵为霸道的传统观念。"王霸之辨"是儒家思想的重要内容。儒家学者大都极力美化上古社会，认为夏禹、商汤、周文王都是以"仁义"治国的"王道"典范，攻击以富国强兵为目的的春秋五霸是弃"仁义"而行"霸道"，孟子就曾直言不讳地说："仲尼之徒，无道桓、文之事者。""桓、文"是指齐桓公和晋文公，他们通过改革，实现了富国强兵，孟子等孔门弟子认为他们实行的是"霸道"，因此不足为道。董仲舒也说："仲尼之门，五尺之童子，羞言五伯（霸）……"宋儒更是将"王道"看作天理的表现，将"霸道"看作人欲的表现。"王道"和"霸道"杂用是西汉政治统治的特点，对此，宋儒张试批评说："夫王道如精金美玉，岂容杂也？杂之，则是亦伯（霸）而已。"明代中后期，张居正力行改革，旨在富国强兵，以挽救明王朝的颓势，却遭到了保守的士大夫的反对，他们所依据的理论依然是儒家的"王霸之辨"，对此，张居正痛心地说："后世学术不明，高谈无实，剽窃仁义，谓之王道。才涉富强，便云霸术……奚必仁义之为王，富强之为霸也？"在张居正遭到清算后，李贽却仍称许张居正改革，直斥孟子等人的"王霸之辨"为谬论。李贽认为，孔子并没有固守"王霸之辨"，他对管仲的评价就是明证。在周王朝日趋衰落，各诸侯国互相攻伐，"夷狄"觊觎周王朝的情势下，管仲实行改革，使齐国富强起来,并举起"尊王攘夷"的旗帜,使诸侯"无敢相攻乏",使华夏文明免遭沦丧,孔子高度肯定了管仲的历史功绩,他说:如果没有管仲,我们早就"披发左衽"了;他辅佐齐桓公"一匡天下,民到于今受其赐"。由此可以看出孔子是"心服管仲之功"的,后世的儒家以所谓的"王霸之辨"来攻击谋求富国强兵的改革者是非常荒谬的。

《藏书》对历史人物的评价

中国古代的史书大都"是非尽合于圣人",以儒家的道德至上主义来评价历史事件和历史人物。李贽认为,这种评价标准造成了不少冤屈:"真英雄汉子,画作疲软汉矣;真风流名士者,画作俗士;真啖名不济事客,画作褒衣大冠,以堂堂巍巍自负。"在给焦竑的一封信中,李贽慨叹道:"自古至今,多少冤屈,谁与辨雪?故读史时真如与千万人作敌对……"在《藏书》等著作中,李贽正是抱着"与千万人作敌对"的决心,重新评价历史人物,"为前人出气"。下面以几个案例来看他对历史人物的认识。

"千古一帝"——为秦始皇翻案

毛泽东对秦始皇有过高度的评价,称其"比孔子伟大得多";在我们今天的中学历史教科书中,对秦始皇的评价也比较高。但历史上对秦始皇的评价却截然相反:两千年来,他一直遭后人唾骂，即使是依照"秦制"治理国家的帝王们，也鲜有对其功过是非作出客观评价者。而李贽则公然称秦始皇为"千古一帝"。李贽认为秦始皇"混一诸侯"，废封建、立郡县，结束了春秋战国以来长期的混战局面，实现了国家统一，是一位对中国历史作出过重要贡献的皇帝。当然，他对秦始皇焚书坑儒、大兴土木的做法也进行了批判。

"知时识主"——对李斯的评价

李斯，战国时期楚国人，荀子的学生，他深知楚王不足以成大事，六国皆弱，自己没有建功立业的机会，于是便投奔秦国，建议秦王嬴政"灭诸侯，成帝业，为天下一统"。秦王听取了李斯的建议，并采用了他的离间计，在此基础上以武力逐步消灭了六国。李斯因此遭到历代正统儒家的咒骂。李贽却称李斯为"知时识主"，在《藏书》中将其列入"才力名臣"，而且放在首位，对其不拘一格用人才、辅佐秦始皇统一天下的功绩给予了充分的肯定。

"必如曹孟德等，方可称之为江淮河海之水"——为曹操翻案

东汉末年，群雄纷争，战乱迭起，东汉政权名存实亡。曹操就是在这样的历史背景下，"挟天子以令诸侯"，一举统一了北方。但在儒家思想占统治地位的中国封建社会，曹操的功绩不但没有得到应有的肯定，反而背上了"逆贼奸臣"的千古骂名，为历代正统史家所不齿。然而，李贽却公开为曹操翻案，在《藏书》中他没有将曹操放在"奸臣篡夺"一类，而是放在"三国兵争"一类里评述。官渡之战前，曹操的第一谋士郭嘉分析曹操必能战胜袁绍（**绍有十败，公有十胜**）的十大原因：因时因事而制宜，顺应历史潮流、合乎道义，宽猛相济、赏罚严明，唯才是用，谙熟用兵方略等。李贽非常赞同郭嘉对曹操的评价，他说："尝欲为老瞒（**曹操**）作一定案，不意郭生言之甚确也。"李贽称赞曹操"有二十分识，二十分才，二十分胆"，是知人善任、爱惜人才的"真英雄"。李贽还将曹操比作江海之水，他说："必如曹孟德等，方可称之为江淮河海之水。"

正是封建社会的愚忠思想和正统论观念，使曹操一直得不到公正的评价。李贽则不顾传统观念对曹操的非议，在历史上第一次摘掉了儒家意识形态套在曹操头上的"逆贼奸臣"的帽子，还原了曹操的英雄本色，肯定了他顺应历史潮流，统一北方的历史功绩。20世纪50年代末，中国史学界组织了对曹操评价问题的讨论，大多数学者都认为曹操是中国历史上著名的政治家、军事家和诗人，同意为曹操翻案。

"胜高宗十倍、中宗万倍"——对武则天的评价

对于武则天称帝，传统观念认为是"篡政"，有悖封建的伦理纲常，史学界对武则天的评价基本都是否定的，封建的卫道士更是骂武则天是"牝鸡司晨"。在几乎众口一词挞伐武则天的封建社会，李贽却高呼武则天"胜高宗十倍、中宗万倍"。他认为，武则天"专以爱养人才为心，安民为念"，这一点是绝大多数帝王所不具备的；武则天当政时，重用姚崇、宋璟、狄仁杰等，即使宋璟当众羞辱武则天的男宠张易之、张昌宗兄弟，武则天也不怪罪他。武则天为收买人心，虽然也曾滥授官爵，但她对于不称职者，坚决予以罢免，对于贪赃枉法者，加以刑诛，对此李贽也大为赞赏，认为武则天此举大快人心。这些评论，不仅是对儒家传统观念的颠覆，而且显示了他的远见卓识。20 世纪 50 年代后，武则天才成为被基本肯定的历史人物，比李贽为武则天翻案晚了三百五十余年。

"不忍无辜之民日遭涂炭"——为冯道辩护

冯道（882~954），字可道，自号"长乐老"。五代瀛州景城（今河北交河东北）人。后唐、后晋时任宰相；契丹灭后晋，被任命为太傅；后汉时任太师；后周时任太师、中书令。一生经历了四朝，臣事十个皇帝，又屈附契丹，位居将相二十余年。冯道为官清正廉洁，在后晋与梁两军隔河对峙时，他住在草棚中，连一张床都没有，睡在草上；领到俸禄后分给随从、仆人，与他们吃一样的饭菜；将士们抢来美女送给他，实在推却不了，就"置之别室，访其主而还之"。

冯道还常体察民情，深知民间疾苦，在为父亲居家守丧期间，正逢大饥荒，他拿出全部家财救济乡民，还亲自耕田背柴，并帮人耕种田地。后唐天成、长兴年间，连年丰收，社会因此比较安定，冯道却告诫明宗说："臣为河东掌书记时，奉使中山，过井陉之险，惧马蹶失，不敢怠于衔辔；及至平地，谓无足虑，遽跌而伤。凡蹈危者虑深而获全，居安者患生于所忽，此人情之常也。"

冯道虽清正廉洁、心系百姓，却因"身事十主"而遭后世儒生诟病。欧阳修说他是"无廉耻者"，司马光称他为"奸臣之尤"，就连对他持肯定态度的《旧五代史》，在盛赞他"道之履行，郁然有古人之风；道之宇量，深得大臣之体"之后，也对他的"忠"提出了质问："然而事四朝，相六帝，可得为忠乎？夫一女二夫，人之不幸，况于再三者哉！"

对于冯道这样一个在儒家看来毫无气节的人物，李贽却给予了高度肯定。他说："孟子曰：'社稷为重，君为轻。'信斯言也，（冯）道知之矣。夫社者所以安民也，稷者所以养民也。民得安养而后君臣之责始尽。君不能安养斯民，而臣独为之安养，而后冯道之责始尽。今观五季相禅，潜移默夺，纵有兵革，不闻争城。五十年间，虽历四姓，事一十二君，并耶律契丹等，而百姓卒免锋镝之苦者，道务安养之力

140

也。"李贽认为冯道为使百姓免遭战乱之苦，忍辱负重，他真正懂"社稷为重，君为轻"的要义。对于这一点，就是欧阳修也不得不承认："人皆以谓契丹不夷灭中国之人者，赖（冯）道一言之善也。"

今天，冯道依然是一个很有争议的历史人物。范文澜在《中国通史简编》中，对冯道大加挞伐，其中写道："他（晋高祖石敬瑭）要冯道出使辽国行礼，表示对父皇帝的尊敬。冯道毫不犹豫，说：'陛下受北朝恩，臣受陛下恩，有何不可。'好个奴才的奴才！"余秋雨在《历史的暗角》一文中写道："身处乱世，冯道竟先后为十个君主干事，他的本领远不只是油滑而必须反复叛变——人行道德、信誉、承诺、盟誓，全被彻底丢弃了，朋友之谊、骨肉之情、羞耻之感、恻隐之心，都可以一一抛开。"

对冯道持肯定态度者亦大有人在，如南怀瑾先生曾在一篇演讲中说："冯道这个人，的确有常人不及之处。尽管许多人如欧阳修等，批评他谁当皇帝来找他，他都出来。但是从另外一个角度看，这个人有他的了不起处。在五代这八十年大乱中，他对于保存文化、保留国家的元气，都有不可磨灭的功绩。为了顾全大局，背上千秋不忠的罪名。"李敖对冯道也是大加赞赏，他在其小说《北京法源寺》里借康有为的话说："冯道在五代乱世里，不斤斤计较于狭义的忠奸观

141

念上……不管是哪朝哪代，不管是谁做皇帝，只要有利于百姓，他都打交道……"葛剑雄在《乱世的两难选择》一文中更是给予冯道高度肯定，他为冯道辩解说："从907年朱温代唐至960年赵匡胤黄袍加体，五十余年间换了六个朝代，皇帝有十个姓，如果大臣、士人都要为本朝守节尽忠，那就会出现六次集体大自杀；如果要忠于一姓，就得自杀十次；欧阳修效忠的这个宋朝在开国时就会面对一个没有文人为之效劳的局面，或许就永远不会有'宋太祖'和'欧阳文忠公'的称号。"他称赞冯道走的是"第三条道路"，说："如果有第三条道路，以人类的最高利益和当地人民的根本利益为前提，不顾个人的毁誉，打破狭隘的国家、民族、宗教观念，以政治家的智慧和技巧来调和矛盾、弥合创伤，寻求实现和平和恢复的途径。这样做的人或许只是为了实现自己的价值，但他对人类的贡献无疑会得到整个文明社会的承认。"他们对冯道的赞誉基本上与李贽的思想一致，他们都认为冯道置个人毁誉于不顾，不是拘泥于效愚忠于一姓一国的儒家道德规范，而是坚持以民为本，以关心百姓疾苦为最高政治原则。

以上只是李贽对历史人物评价的几个案例，由此便可看出他"颠倒千万世之是非"的勇气。实际上，李贽对其书中所载约八百名历史人物，几乎每个人都有不同于传统的评价。

李贽对历史人物的评价与前人的评价迥异，但他并非要标新立异，而是有自己的评价标准和原则，体现了他非凡的史识。具体说，有以下几个方面。

第一，以社会功用作为评价历史人物的标准。儒家思想特别是程朱理学将道德和功利割裂开来，极力强调天理和人欲的对立，表现在对历史人物的评价上就是用儒家的道德原则代替一切，反对社会功用。与此相反，李贽在评价历史人物时，不是着眼于人物的行为是否符合儒家的道德规范，而是着重考察其社会效果。袁宏道曾称赞李贽"于古人作用之妙，大有所窥"。可见，李贽评价人物的标准是看他在历史上所起作用的大小。

从社会功用的标准出发，李贽盛赞历史上有作为的君主，他称秦始皇为"千古一帝"，赞扬刘邦说："汉（高）祖之神圣，尧以后一人也！"李贽非常推崇汉武帝。对于汉武帝这位在当时历史上就有很大争议的人物，批评者主要抨击他的"穷兵黩武"和任命桑弘羊实行"盐铁官营"等政策。李贽则称赞汉武帝是"英雄""好皇帝""圣主""乃大有为之圣人也"，对他的文治武功给予了高度的评价。李贽还称赞唐太宗是"英主肇兴"。李贽对武则天、曹操的肯定同样也是基于社会功用的标准。

李贽还极力褒扬管仲、李悝、商鞅、桑弘羊以及张居正等为儒家思想所贬抑的改革家：称道李悝的思想"用之魏则魏强，用之楚而楚伯（霸）"；称道商鞅"相秦才十年耳，卒至富强，而令秦成帝业"；高度肯定桑弘羊的改革政策，称赞他"既有心计，又能用人。其所用者，前有爵赏之劝，后有诛罚之威……不待加赋而国用自足"。李贽还称赞张居正是"宰相之杰""大有功于社稷者"。所有这些都体现了他重视社会功用的思想。李贽甚至认为，为了达到社会功用的目的，必须破除传统的道德标准的束缚，因此他说："成大功者必不顾后患，故无功不成。"他之所以肯定冯道，也是基于这一点。

对于只知高谈心性道德之学，不讲社会功利的儒家知识分子，李贽则给予了辛辣的讽刺和无情的批判，对朱熹的评价就体现了这一点。宋室南迁后，朱熹非但没有使"宋室再造"的良策，反而置当务之急于不顾，仍然高谈"诚心正意"之学，将责任归咎于宦官。朱熹虽然名闻天下，但在政治和社会功用上却毫无建树，因此李贽称朱熹的思想"快一己之喜恶，流无穷之毒害"。

第二，一分为二和实事求是的原则。李贽在评价历史人物时始终坚持一分为二和实事求是的原则，袁中道在《李温陵传》中也说李贽在评价历史时"虚心平气，求短于长，见瑕于瑜",好而知其恶,恶而知其美。在李贽的《藏书》中,"凡古称为大君子者,有时攻其所短;而所成为小人不足齿者,有时不没其所长"。

李贽虽然高度肯定秦始皇统一全国的功绩,但对他的荒淫残暴的一面进行了无情的批判,对他焚书坑儒的罪行予以揭露,认为这是他败亡的主要原因。在公开为曹操翻案的同时,李贽也谴责曹操狡诈残忍,"能生人又能杀人"。李贽在《藏书》中还详细记载了岳飞抗金的事迹,赞颂了他的功绩和爱国主义思想,但同时他又否定岳飞的愚忠思想,对岳飞的"精忠报国"批道:"何用!"所有这些都体现了李贽一分为二的原则和实事求是的态度。

第三,原情论势的原则。李贽曾讲:"古今人情一也,古今天下事势一也。某也从少至老,原情论势,不见有一人同者,故每每惊讶……"所谓"原情论势",就是指在评论历史事件或历史人物时,不拘泥于固定的是非标准,而要根据当时的历史情境对具体的问题作具体分析。

李贽正是按照"原情论势"的原则来评价历史人物的,对曹操和司马懿的不同评价就体现了这一原则。用封建的正统论史观来衡量,曹氏代汉与司马氏代魏都是篡权,在性质上是一样的,应受到同样的谴责。但李贽却对曹操和司马懿作出了不同的评价,在《藏书》中,李贽将司马氏父子列入

"奸臣篡夺"一类，将曹氏父子却列入"三国兵争"一类，对其基本上持肯定态度。李贽之所以作如此的区分，主要是基于二人所处的不同的历史情境：司马懿作为两朝顾命大臣，深得曹魏政权倚重，身受两朝君主的礼遇，而且曹魏政权也比较稳定，在这种情况下，司马懿却背信弃义，废主自立，因此李贽将其列入"奸臣篡夺"一类予以严厉谴责；而曹操举兵时，正值东汉末年军阀混战，东汉政权已经名存实亡，在这种情况下，曹操"兴举义兵，破降黄巾，又讨击袁术，摧破袁绍，复定刘表，遂平天下"，不存在忘恩负义的问题，而且曹操至死也没有废汉。在这里，李贽没有将历史问题简单化，而是具体问题具体分析，因此所得的结论也就较为客观公正，因此也就更令人信服。对于冯道的评价同样体现了"原情论势"的原则：冯道所处的时代，是唐代大统一之后的分裂割据时期，如果以是否忠于某一割据政权作为衡量历史人物忠与不忠的标准，显然是不合时宜的，也是不公正、不客观的。

第6章

影响及其地位

　　从以上几章的论述我们可以看出，李贽反对权威，肯定人的欲望，重视自我价值，倡导心性的自由和独立，主张男女平等，他的很多思想即使在今天看来也是相当激进的。他是 16 世纪中国最伟大的启蒙思想家，他的思想在当时就产生了很大的影响，他死后，他的书虽然多次遭到禁毁，但是他的思想却被广泛传播，"五四"前后，李贽的思想更是成为新文化运动的精神资源。李贽的思想还传播到日本乃至全世界，对日本的明治维新也产生了很大影响。本章主要从中外历代学者对李贽及其著作的评价来考察其影响。

李贽思想在明代的传播及其影响

如前所述，在南京时，李贽开始登坛讲学，已经在思想界小有名气，寄居黄安期间，耿定向的许多弟子如焦竑、周思敬、周思久、潘士藻、祝世禄、管志道等经常问学于李贽。但是这段时期，李贽思想的传播还非常有限，主要局限在耿定向的门徒及子侄。直到《焚书》《藏书》等出版后，李贽的思想才开始在全国范围内广泛传播，李贽也因此声名大振。

《焚书》出版后，在思想界激起了轩然大波。不仅耿定向及其门徒对李贽大加挞伐，就连东林党领袖顾宪成也批评李贽颠倒是非，他说："（李贽）大抵是人之非，非人之是，又以成败为是非而已。学术到此，真成涂炭。惟有仰屋窃叹而已，如何，如何！"但是，一些具有独立自由精神的学者却为李贽的启蒙思想深深吸引，李贽的弟子汪本钶评价李贽的著作说："盖言语真切至到，文辞惊天动地。能令聋者聪，聩者明，梦者觉，醒者醒，病者起，死者活，躁者静，喧者结，肠冰者热，心炎者冷，柴栅其中者自拔，倔强不降者亦无不意俯而心折焉。"袁宏道与汪本钶有着同样的感受，他读了《焚书》后说："幸床头有《焚书》一部，愁可以破颜，病可以健脾，昏可以醒眼，甚得力。"以至于他在读李贽的著作时"目力倦而神不肯休"。袁宏道还说："读他人文字觉懑懑，读翁片言只语辄精神百倍"。袁氏兄弟三人还多次专程到龙湖拜访李贽，他们都以李贽为师。国子监祭酒陶望龄对李贽也是评价甚高，他说："望龄在京师时，从焦弱侯游，得闻卓吾先生之风，继得其书毕习之，未尝不心开目明，尝恨不能操巾拂其侧。"马经纶更是称李贽是圣人，他说："李先生，所谓百世以俟圣人而不惑之人！"他还指出，李贽之所以不为世人、不为道学家所理解，是因为李贽的思想"超出千万劫之世人"，"超出千万劫之道人"。明末清初的著名学者钱谦益也深受李贽思想的影响，他年轻时就如饥似渴地阅读李贽的著作，思想上受到很大震撼，他说："余少喜读龙湖李秃翁书，以为乐可以歌，怒可以骂，非庄非老，不儒不禅，每为抚几击节，盱衡扼腕，思置其人于师友间。"从汪本钶、袁宏道、陶望龄和钱谦益等士人对李贽著作的评价中，可以看出他们都认识到了李贽思想振聋发聩的启蒙价值。

李贽的思想不仅在当时的学者和士大夫阶层广为流传，而且在民间也产生了轰动效应。

万历年间的内阁首辅朱国桢说："（李贽学说）最能惑人，为人所推，举国趋之若狂。"他指责李贽的思想是歪理邪说，认为"今日士风猖狂，实开于此。全不读四书本经，而李氏《藏书》《焚书》，人挟一册，以为奇货"。朱国桢虽然是在批判李贽的思想，但从反面反映了李贽思想的巨大影响力。沈瓚在《近事丛残》中批判李贽"好为惊世骇俗之论，务反宋儒道学"的反传统思想时，也谈到了李贽思想在民间的轰动效应："儒释从之者几千万人。其学以解脱直接为宗，少年高旷豪举之世，多乐慕之。后学如狂，不但儒教溃防，即释宗绳检，亦多所清弃。"

万历二十六年（1598），当李贽在焦竑的陪同下到达南京时，士人都纷纷前来拜访，李贽"登坛说法，倾动大江南北"。万历二十九年春，马经纶将李贽延请至通州的家中，"焚香执弟子礼"。听说李贽来到通州后，"燕冀人士都望风礼拜"。

李贽思想的广泛传播引起了卫道士们的恐慌，他们视其为洪水猛兽，如今这股洪水竟蔓延到了离都城仅四十里的通州，这更引起了卫道士们的不安。于是才有了张问达上疏弹劾李贽。万历皇帝以"敢倡乱道，惑世诬民"的罪名将其逮捕，并下令禁毁李贽的著作。张问达是东林党的代表人物之一，而东林党一向被认为是代表市民阶层利益的进步的社会集团。李贽的思想不容于当道由此可见。

李贽死后，许多学者（包括一些与李贽素不相识的人）

纷纷自发地用手中的笔表达了对李贽的哀悼和对专制统治的愤慨。好友方沆在听到李贽死于狱中的消息后，作《纪事十绝》寄给马经纶，其中写道："豺狼当道凭谁问，妒杀江湖老秃翁。"

周汝登作《悼卓吾先生》：

半成伶俐半糊涂，惑乱乾坤胆气粗。

惹得世人争欲杀，眉毛狼藉在囹圄。

天下闻名李卓吾，死余白骨暴皇都。

行人莫向街头认，面目飜来此老无。

乌程和尚真程作《吊卓吾先生墓》（二首）：

其一

鸦鸣犬吠荒村里，木落草枯寒月边。

三拜孤坟无一语，只应拍手哭苍天。

其二

踏破百年生死窟，倒翻千古是非窠。

区区肉眼谁能识，肉眼于今世几多。

王铎作《悼李卓吾墓》：

李子何方去，寒云丧此疆。

性幽成苦节，才燥及余殃。

鬼雨蒙昏眼，蒿山泣夜鸹。

愁看哽咽水，老泪入汤汤。

汤显祖作《叹卓老》：

> 自是精灵爱出家，钵头何必向京华。
>
> 知教笑舞临刀杖，烂醉诸天雨杂花。

诸如此类的诗仅流传下来的就有十多首，所有这些诗都由衷地赞美李贽思想的启蒙价值，无情地揭露了封建统治者的残暴。

李贽最知心的朋友焦竑还撰写了《追荐疏》，一方面悼念亡灵，另一方面也是谴责暴政："卓吾先生秉千秋之独见，悟一性之孤明。其书满架，非师心而实以通古；传之纸贵，未破俗而先以惊愚……虽有志者不忘在沟壑之念，而杀人者宁不干阴阳之和！"

李贽死后万历皇帝亲自批示要禁毁李贽的著作："其书籍已刊未刊者，令所在官司尽搜烧毁，不许容留，如有徒党曲庇私藏……并治罪。"天启五年（1625）秋，朝廷再次下诏："李贽诸书怪诞不经，命巡视衙门禁毁，不许坊间发卖，仍通行禁止。"但是，朝廷的禁毁令非但没有阻断李贽思想的传播，反而使李贽的著作更加风行天下，甚至出现了很多托名李贽的赝作。万历三十九年（1611），《续藏书》出版，焦竑、李维桢在《续藏书》序中就分别指出："宏甫殁，遗书四出，学者争传诵之。其实真赝相错，非尽出其手也。""李卓吾殁，而其遗书盛传。"1614年，在冯梦龙等人的协助下，李贽的弟子杨定见珍藏的《李卓吾评〈忠义水浒全传〉》在吴县出版。1618年，《李氏续焚书》出版。汪本钶在《续刻李氏序》中说李贽"一死而书益传，名益重"，以致"海以内无不读先生之书者，无不欲尽先生之书而读之者，读之不已咸并其伪者而亦读矣"，"渐至今日，坊间一切戏剧淫谑刻本批点，动曰卓吾先生"。张鼐在《读卓吾老子书述》中也谈到李贽著作的流传以及赝书的情况，他说："卓吾死而其书重，卓吾之书重，而真书、赝书并传于天下。"就这样，李贽的著作虽经朝廷一再下令禁毁，但依然风行天下，终明之世，"卓吾书盛行，咳唾间非卓吾不欢，几案见非卓吾不适，朝廷虽禁毁之，而士大夫则相与重锓，且流传于日本"。从时人的论述中，我们可以看出李贽的思想在晚明得到了广泛的传播，李贽的著作成为畅销书。

李贽在世时，就有《藏书》《焚书》《初潭集》《说书》《南询录》《阳明先生道学钞》《阳明先生年谱》《净土诀》《九正易因》等大量的著作出版，而且这还不是全部，马经纶在《与李麟野都谏转上萧司寇》中说："总计先生生平著述，见刊传四方者，不下数十百种。"由此可见，李贽的著作在当时流传就十分广泛。

李贽死后，很多书商敏锐地觉察到了李贽思想的感染力和启蒙价值，纷纷刊刻李贽的著作。从图书的畅销程度这一视角来看，在历史上，还没有哪一个思想家像李贽那样受到如此的关注。

李贽的思想以其鲜明的人文主义色彩，在明中后期尤其是明末产生了广泛而深刻的影响。李贽"不以孔子是非为是非"的主张和"人必有私"的论断消解了儒家意识形态特别是程朱理学对人们的禁锢；无论是公安派的"性灵说"，还是汤显祖的"至情论"，都直接吸收了李贽的思想；李贽对通俗文学的批点使明中后期市民文学广泛传播。所有这些都汇聚成了晚明思想解放的潮流。但是，随着满族人在全国统治地位的确立及其所奉行的极端的文化专制主义政策，由李贽思想所点燃的启蒙火炬被无情地熄灭了，中国思想界又进入了万马齐喑的黑暗时代。

李贽思想在清代的影响及其命运

清初三大思想家对李贽的继承与批判

李贽在明清易代之际就遭遇到了尴尬：一方面，不管承认与否，在客观上，清初的思想家黄宗羲、王夫之、顾炎武等都不同程度地受李贽思想的影响；但是另一方面，他们，尤其是王夫之和顾炎武又都大肆攻击李贽。

在天理和人欲的关系上，三大思想家都不自觉地受到了李贽思想的影响，他们都承认私欲的合理性。黄宗羲认为，自私自利是每个人与生俱来的本性，他从满足人们私利的角度出发提出了废除、改变君主专制的必要性，抨击君主专制制度是"天下之大害"，指出："向使无君，人各得自私也，人各得自利也。"但是，君主制产生后，封建君主为满足一己之私欲，侵犯天下人追求私利的权利，他们在未得天下之时，"荼毒天下之肝脑，离散天下之子女，以博我一人之产业"，取得天下之后，又"敲剥天下之骨髓，离散天下之子女，以奉我一人之淫乐"。王夫之也在批判理学家"存天理，灭人欲"的道德说教的基础上，提出了"饮食男女之欲，人人之大共"的论断，认为天理就在人欲之中，饮食男女是人人都具有的一种自然欲望，作为统治者必须满足这种欲望。这和李贽"穿衣吃饭即是人伦物理""人必有私"的论断一脉相承。顾炎武也承认自私自利是人之常情，他说："天下之人各怀其家，各私其子，其常情也。""人之有私，固情之所不能免也。"他还指出："有公而无私，此后代之美言，非先王之至训矣。"这就是说追求私利的欲望是客观存在的，是任何人包括先王都不能否认的。

很显然，三大思想家都是以肯定人性自私说为逻辑起点来立论的，这与李贽"人必有私"的论断不谋而合。另外，黄宗羲还驳斥了俗儒们"君臣之义无逃于天地之间"的谬论，提出"天子之所是未必是，天子之所非未必非……公其是非于学校"的论断，实际上这也是对李贽"不以孔子是非为是非"思想的继承和发展。但是，三大思想家与李贽的思想更多的是一种暗合，而非自觉地继承。实际上，在对人性的张扬和自我的关注这一点上，三大思想家不仅没有沿着李贽的思想继续前进，反而自觉地往回收缩：他们虽然都承认人欲的合理性，但是他们最后的落脚点并不是作为生命个体的自我的欲望，而是"公欲"，是"天理"。如王夫之提出："人欲之大公，即天理之至正矣"，"私欲净尽，天理流行，则公矣"。顾炎武的思想更是以程朱理学为宗，他探讨理欲问题的落脚点依然是在"理"与"公"上，主张"合天下之私，以成天下之公"。黄宗羲不仅反对君主的"一己之私"，也反对其他个体的"一人之私"，并再次将天理与人欲对立起来，他说："天理人欲，正是相反，此盈则彼绌，彼盈则此绌，故寡之又寡，至于无欲，而后纯乎天理。"还提出了君子与小人之辨，认为小人有私欲，君子无私欲。

正是因为李贽思想的落脚点是自我，而黄宗羲、王夫之、顾炎武思想的落脚点是"公"，是"天理"，他们与李贽存在着根本的矛盾，因此他们对李贽发起了猛烈的攻击，认为李贽是晚明社会风气败坏的罪魁祸首。

王夫之对李贽"奖谯周、冯道而诋毁方正之士"大为不满，他指责李贽不恤君亲，公然与天理人伦相抗，"惑世诬民"，是"时局中邪之尤者"。王夫之还主张禁毁李贽的著作。

顾炎武批评李贽说："自古以来，小人之无忌惮而敢于叛圣人者，莫甚于李贽。"又说："试观今日之事，髡头也，手持数珠也，男妇宾旅同土床而宿也，有一非李贽所为者乎？"

黄宗羲虽没有像王夫之、顾炎武那样严厉斥责李贽，但他对李贽流于禅学颇有微词，并将其排除在所著的系统论述明代儒学发展演变及其流派的学术思想史专著《明儒学案》之外。

不同的历史遭际，使清初三大思想家思考问题的角度和李贽明显不同。李贽所处的晚明社会，商品经济发展和市民阶层的兴起与日趋僵化的程朱理学产生了矛盾，因此李贽的思想着力点在于使自我从程朱理学的禁锢下解放出来，以顺应商品经济的发展。而经历了亡国灭种之痛的清初三大思想家，他们所面对的是满族统治者对汉族的武力征服，是"以夷变夏""天崩地解"的时代，在这种历史境遇下，他们不仅不可能将着眼点放在人性的解放上，反而将亡国灭种的罪责归咎于王阳明的心学及其承继者。王夫之、顾炎武都批评王学援禅入儒，空言心性，导致学风和世风日下。在这种情况下，有"狂禅"之称、极力张扬人性和自我的"异端"思想家李贽自然尤为他们痛恨。黄宗羲虽然是王学的传人，而且反对将王学的流弊加到阳明头上，但他同样反对佛学，他之所以在《明儒学案》中不为李贽立案，也是因为他认为李贽已经偏离了儒学而走向了禅学。

李贽褒奖谯周和冯道也是为清初三大思想家所不能容忍的。民族矛盾的凸显使清初的三大思想家特别注重气节，他们痛恨投降清朝的士大夫，痛恨历史上谯周、冯道之类的"贰臣"，而李贽却公然为他们翻案，因此王夫之、顾炎武都非常痛恨李贽，视其为洪水猛兽。王夫之说："若近世李贽、钟惺之流，导天下于邪淫，以酿中夏衣冠之祸，岂非逾于洪水，烈于猛兽乎?"

清初的三大思想家对专制制度进行了无情的批判，他们还提出了朴素的民主思想，如黄宗羲就提出了"民主君客"论、"公其是非于学校"等政治主张。他们仍在进行着李贽开创的启蒙事业，但是这种启蒙主要是在政治思想层面；在人性层面上的启蒙却几乎中断了。这是时代的悲剧，因为在"以夷变夏""天崩地解"的时代，反对民族压迫的"救亡"运动压倒了"启蒙"。

清朝文化专制下李贽思想的命运

满族人统一全国后，为加强思想控制，开始实行极端的文化专制政策，一方面大兴文字狱，另一方面大肆禁毁图书，其残酷程度超过以往的任何一个王朝。

在清代，特别是康雍乾时期，文字狱频繁发生，一本书，一篇文章，一首诗，甚至是一个字，都可能招致杀身之祸，甚至是株连九族。在清朝的高压文化政策下，知识分子为逃避文祸，纷纷钻进故纸堆里，沉溺于考据之学，严重窒息了思想的发展。

查获的所谓逆书都要一律销毁，就连其他引用"逆书"的著作也不放过。这种搜查和禁毁图书的活动，开始时还是伴随文字狱而发生，但到了乾隆朝纂修《四库全书》时，将禁毁图书的范围扩大到全国，而且历时十九年，使中国文化遭到了前所未有的浩劫。

清朝的极端文化高压政策，不仅使李贽和清初思想家的启蒙思想一度中断，而且他们，尤其是李贽以及与李贽有关的图书都遭到禁毁。

乾隆年间，将李贽的著作列入禁毁书目，在修《四库全书》时，李贽的一些著作虽然被列入《四库全书目录提要》，但其目的是为了保留李贽的"罪证"，是为了批判李贽，以警示后人。《四库全书总目提要》评《李温陵集》说："贽非圣无法，敢为异论。虽以妖言逮治，惧而自刭，而焦竑等盛相推重，颇荣众听，遂使乡塾陋儒，翕然尊信，至今为人心风俗之害。故其人可诛，其书可毁，而仍存其目，以明正其名教之罪人，诬民之邪说。"评《藏书》说："贽书皆狂悖乖谬，非圣无法，惟此书排击孔子，别立褒贬，凡千古相传之善恶，无不颠倒易位，尤为罪不容诛。其书可毁，其名亦不足以污简牍，特以贽大言欺世，至今乡曲陋儒，震其虚名，如置之不论恐贻害人心，故特存其目，以深曝其罪。"评《初潭集》说："大抵主儒释合一之说，狂诞缪戾，虽粗识字义者皆知其妄。而明季盛行其书，当时人心风俗之败坏，亦大概可睹矣。"

明代万历和天启年间虽然两次下令禁毁李贽的图书，但李贽的著作依然盛行。然而，清朝的禁书运动却不同，它有极端残酷的高压政策为之保驾护航，私藏禁书者，一旦被发现就会被治以重罪，甚至被处死。在清朝严密的思想控制下，李贽的名字及其思想一度归于沉寂。

19 世纪末 20 世纪初，腐败的清王朝处于风雨飘摇之中，资产阶级的民主思想传入中国，反对专制主义，要求进行资产阶级革命的呼声越来越高，在这种背景下，李贽的思想重新焕发生机。刘师培、黄节、邓实等人都极力褒扬和传播李贽的思想。1905年，由他们创办的《国粹学报》刊载了李贽给焦竑的一封信以及焦竑所作《李氏焚书序》，有"激进派第一人"之称的刘师培还为此撰写了后记。1907年，由旅日中国进步学者在日本创办的《天义报》又刊载了李贽《藏书》的《世纪列传总目前论》以及刘师培撰写的《李卓吾先生学说》（署名"不公仇"）一文。1908年，李贽《焚书》由国学保存会出版，书后附有袁中道的《李温陵传》。黄节作《李氏焚书跋》，批判儒家文化专制主义及其与政治权力的结合，认为这是中国"学术人才之萎靡衰退，江河日下"的重要原因，也是李贽的思想不容于当世的根本原因。他说："学术者，天下之公器，王者徇一己之好恶，乃欲以权力遏之，天下固不怵也……卓吾生儒教专制之时……而快口直肠，愤激过甚，破道一风同之见，学与时忤。其身既杀，其书屡毁，记其人者每甚其词，因学术异同之故，挟爱憎攻击之私，自不能免。"对于李贽敢于打破儒家思想束缚，追求学术独立的精神，邓实给予了高度的肯定。他说："卓吾之学与其理想，皆极高妙，不肯依傍人。其集中之作，屡与孔子有微词。自王充《问孔》后，二千年来，直斥孔子，实惟先生。则其中之所主，则必具有大识力者矣。其书明季两遭禁毁，而刊本犹留宇宙者，则以其申言佛理，而见有真是非，不随人脚跟立说。于明季帖括专制、学术束缚之极，而得李氏一为推荡廓清，故人之嗜爱其说者多也。至今日，学术大通，万端竞进，而卓吾之学，益得见称于时。然则焚者焚，禁者禁，而藏者自藏，读者自读。帝王之力，固不足以加于儒生之后世也。"

总之，在清代，李贽的思想沉寂了近二百年，清末才重新焕发生机，与民主、科学思想一起，成为资产阶级革命派批判专制制度的理论武器。

"五四"新文化运动以来李贽思想的传播

"五四"新文化运动时期，李贽的学说成为激进主义者"打倒孔家店"的思想武器。这一时期，对李贽思想传播贡献最大的当属吴虞。吴虞是"五四"时期著名的启蒙思想家、学者，早年留学日本，归国后任四川《醒群报》主笔，鼓吹新学，后到北京大学任教。1910年10月，吴虞在《蜀报》上发表《辨孟子辟杨墨之非》，来北京大学后又在《新青年》上发表《家族制度为专制主义之根据论》《说孝》等文，猛烈抨击旧礼教和儒家学说。胡适称他为"中国思想界的清道夫""四川只手打倒孔家店的老英雄"。吴虞在《辨孟子辟杨墨之非》一文中指出："天下有二大患焉，曰君主专制，曰教主专制。君主之专制，钤束人之言论，教主之专制，禁锢人之思想……夫学术思想之在一国，犹人之有精神也。故约翰·弥勒之言曰：'无新思想、新言论，则其国无由以兴……'盖辩论愈多，学派愈杂，则竞争不已，而折衷之说出，于是真理益明，智识益进，遂成庄严灿烂之世界焉。故知专制者，乃败坏个人品性之一大毒药也。夫与己不同道，则诋为异端，詈为邪说，不以为非圣无法，即以为畔道离经，斯诚社会之污点，学术之深耻也，而儒家则不惮而恒蹈之。"吴虞的经历和李贽有颇多相似之处，他也多次遭到传统势力和当局的诋毁与迫害：在辛亥革命前，他所编纂的《宋元学案粹语例言》因引用了李贽的论说而被清政府下令查禁，后来又因撰文批判儒家思想和家族制度而被清政府通缉；袁世凯复辟时，复古派指责他"非圣无法"，给他戴上了"名教罪人"的帽子。1916 年，吴虞在《进步》杂志第九卷第三十四期上发表了《明李卓吾别传》，公开为与他同为"名教罪人"、敢于"非圣无法"的李贽唱赞歌，该文以一万余字的篇幅介绍了李贽的生平事迹，猛烈抨击儒教专制对李贽的迫害，赞扬李贽"不以孔子之是非为是非"的批判精神。吴虞还针对纪晓岚在《四库全书总目提要》中对李贽的诋毁进行了斥责和反驳，他说："综纪晓岚之论卓吾，非有严正之理论，明确之评判，而徒有陈陈相因、模棱囫囵之论，恣其诃讪。盖儒家以君父并尊，非圣无法同为不孝。

晓岚叙录官书，故于非圣无法者不得不诋为名教罪人，以求亲媚于君上。"最后，李贽感叹道："呜呼！卓吾产于专制之国，而弗生于立宪之邦，言论思想不获自由，横死囹圄，见排俗学，不免长夜漫漫之感，然亦止能自悲其身世之不幸而已矣！"

20世纪三四十年代，一批进步人士继续宣传李贽的思想，为反对专制制度而斗争。其中有朱维之、容肇祖、嵇文甫等知名学者，他们都将李贽的思想看作"五四"新文化运动思想的渊源。朱维之是著名学者、文学翻译家，在"五四"运动时，他就上街游行示威，查禁、烧毁洋货，在"五四"精神的鼓舞下，他阅读了大量进步书刊和文学作品。朱先生不仅致力于李贽思想的传播，通过对李贽思想的研究，他还揭示了李贽文学和思想中的现代精神及其对"五四"新文化运动的影响。1935年，朱先生出版了《李卓吾论》，该书分"李卓吾的性格""李卓吾与新文学""李卓吾的思想""李卓吾年谱"四部分，其中"李卓吾年谱"部分系译自日本学者铃木虎雄1934年写的《李卓吾年谱》。朱先生在"李卓吾的性格"部分的最后一段写道："卓吾的生平最引起人家注意的是死——受了惑世诬民的罪行而在狱中自杀。这个死和希腊哲人苏格拉底是很相像的。苏格拉底也是因为有独特性格，自信过甚，而思想急进，打破一切因袭的束缚，结果是受了诬惑青年、危害国家的罪名，而服毒于狱中死的。卓吾是七十六岁，苏格拉底是七十岁，这二位秃头带长须的老翁，都是因为思想高迈，而影响又极大的缘故而遭冤死的。"在"李卓吾与新文学"部分，朱先生还分析了李贽对公安派文学的影响，他说："公安派的文学主张，一、信口信腕皆成律度；二、不剿袭古人；三、一时代有一时代的文学；四、文章要有真实的内容。关于一，就是卓吾的自然说；关于二，就是卓吾的不求庇于人；关于三，这一点影响最大，清焦循在《剧说》里绍述这一说，王国维因之而确固其对于元曲的信仰，最近编文学史的因之为标准；关于四，在他的《童心说》，说得津津有味。"朱先生不仅认识到了公安派对李贽思想的继承性，而且还认为李贽的文学主张"和20世纪的我们新文学运动相一致"，揭示出了"五四"时期的文学思想与李贽思想的内在一致性和继承性。朱先生认为，"'五四'新文化运动中有李氏思想的因子，陈独秀、吴虞都是其继承人"。容肇祖是我国著名的古典哲学研究家、民俗学家和民间文艺学家，他曾先后任教于中山大学、岭南大学、北京辅仁大学、北京大学等知名学府。受"五四"精神的感召，容肇祖在学生时代就积极参加社会活动，宣传爱国思想和抵制日货。1932年，在中山大学任教时，他又反对读经的复古课程。容肇祖还注重学术研究与现实的结合。1936年，他出版了专著《李卓吾评传》。在这部书中，容肇祖充分肯定了李贽的平等思想和启蒙价值，认为"（李贽）以无私为画饼之谈，这都是很独立很自由的见解"，"他以为人人生知，人人可成佛，这是很平等的见解"。他的"穿衣吃饭，那是人伦物理"，"这真是很切实很简易的见解，也是从他们平等的眼光中看出来的"。他说："总之，李贽的思想，是从王守仁一派解放的革命的思想而来，他几乎把一切古圣贤的思想或偶像打破了，到了极自由极平等极解放的路上，而他又是个自然主义适性主义的思想家，在批评方面贡献了不少创新的独特的见解。"嵇文甫（1895~1963）是当代著名的教育家、史学家、哲学家。他在"五四"运动时期，就积极投身于革命洪流，新中国成立后他当选为中国人民政治协商会议代表及全国人大代表，历任河南省副省长、中国科学院哲学社会科学学部委员、河南大学及郑州大学校长等职，并兼任《历史教学》《历史研究》和《哲学研究》编委，还领导创办了《新史学通讯》（《史学月刊》）。1944年，嵇文甫出版了《晚明思想史论》，在这部书中，他对李贽的批判精神给予了高度肯定，指出："卓吾思想最狂放，最敢发惊人的议论。""他竟敢说名教累人，竟敢贬斥儒家而推奖诸子，甚至连谯周、冯道，万事唾骂为无耻，老奸巨猾，他也替他们洗刷，表彰他们救民的苦心……一翻千古成案，可谓大胆已极。"嵇文甫还认为李贽称赞海盗林道乾有真本领，是真人才，以及他提倡功利，"不受管束""落发出家"的行为，都表现出他"爱好自由冲决世网的精神"。

20 世纪三四十年代，除朱维之、容肇祖、嵇文甫等致力于研究和传播李贽的思想外，周作人也极为推崇李贽，他把李贽和王充、俞理初并称为"中国思想界之三盏灯火"。周作人在 1937 年发表的《谈文字狱》一文中，认为李贽"为己之极，急于为人，为人之极，至于无己"，"凡是以思想问题受迫害的人大抵都如此，他岂真有惑世诬民的目的，只是自有所得，不忍独秘，思以利他，终乃至于虽损己而无怨"。在 1940 年发表的《读初谭集》一文中，周氏认为李氏有常识，懂得人情物理，其思想是"颇和平中正的，只是世间历来的意见太歪曲了，所以反而显得奇异，这就成为毁与祸的原因"。

20 世纪 50 年代，一批学者开始以马克思主义为指导思想研究李贽。侯外庐、邱汉生 1959 年在《历史研究》第七期上发表了《李贽的进步思想》一文，他们从社会平等论、个性自由论和个性解放说，解读李贽的启蒙思想，从李贽的文学评论，解读他的近代式的自然主义思想，从而认为李贽的思想具有反对封建等级、反对封建特权的战斗意义。侯外庐在 1959 年出版的《中国思想通史》第四卷中，列有专章，以"李贽战斗的性格及其革命性的思想"为标题，着重论述了"李贽的人道主义平等观和个性说"以及"李贽的反圣教、反道学的战斗思想"。冯友兰在《中国哲学史》中，关于阳明后学只涉及王畿和李贽，可见他对李贽的重视。冯友兰认为作为统治思想的理学发展到明代已经"失去了生命力，成为教条主义，死的清规戒律、条条框框"，而阳明心学"有冲击教条主义的作用，使人们有从清规戒律的条条框框中'解放'出来的感觉"，李贽则使心学的这种作用得到了充分发挥。冯友兰对于李贽的"童心说"尤其推崇，他说："李贽的主要贡献，是在于他对于封建正统思想的某些方面的怀疑和批判。他怀疑和批判的理论根据是他的'童心说'。"冯友兰还阐述了李贽对道学、儒学经典、道统说、天理人欲之辨和轻视妇女思想的批判，并且着重指出："最后这两条不能认为仅只是李贽个人的见解，这在一定程度上也是当时新时代即将到来的标志……李贽为'私'和'利'辩护"，"就是商人抬头的标志……李贽对于妇女的见解，是妇女解放的开始，也是封建社会开始没落的标志"。

"文化大革命"中，曾将李贽研究贴上了"儒法斗争"的政治标签，把李贽认定为法家的代表。在"评法批儒"的高潮中，各地投入了大批的人力、财力搞李贽研究，但是，充斥于各种报纸、杂志的几乎所有关于李贽的文章都是围绕"尊法反儒"的，李贽研究步入歧途。不过，这一时期也整理出大量关于李贽的珍贵历史资料，为改革开放后李贽思想的深入研究提供了丰富的资料。

改革开放后，李贽研究很快走出"文革"时的误区，而且无论是在研究的深度上还是广度上，都有了空前的发展。此前关于李贽的研究多集中在其政治思想、哲学思想和文学思想等几个方面，而且主要强调李贽反传统、反封建的思想和追求自由独立的精神；而进入新时期以来，除了继续挖掘李贽的反传统的进步思想外，关于李贽的政治思想、哲学、史学、文学、美学、宗教、家世、族性、社会交往、政治活动等几乎所有的方面都有论著发表。

由上可以看出，李贽在中国思想史上具有极其重要的地位，他不仅影响了晚明的社会思潮，而且在中国历史上第一次举起了启蒙的大旗，对后世产生了广泛而深远的影响：清初三大思想家虽然批评李贽，但不自觉地继承了李贽的启蒙思想；清末的革命派更是从李贽思想中汲取了反传统、反文化专制、追求个性自由的精神，并将其作为革命的思想武器；辛亥革命后，李贽的思想更是成为"五四"新文化运动的重要精神资源，20世纪二三十年代的许多学者都将"五四"新文化运动和晚明、与李贽联系起来。

李贽思想在海外的传播和影响

李贽的思想不仅在中国产生了深远的影响，而且 17 世纪中叶以后，还传向日本，对日本的明治维新产生了重要影响。20 世纪 30 年代以后，李贽的思想又传播到西方，成为西方学术界研究的一个热点。

李贽思想在日本的传播及其对明治维新的影响

明末陈明卿曾说："卓吾书盛行，咳唾之间非卓吾不欢，几案之间非卓吾不适，朝廷曾禁毁之，而士大夫则相与重长，且流传于日本。"可见，早在明末，李贽的著作就传到了日本。17 世纪 70 年代，《李卓吾先生批评〈忠义水浒传〉》也传入日本，这是最早传入日本的《水浒传》。19 世纪中叶，日本的幕府政治日趋腐败，而且同鸦片战争前的中国一样，也实行闭关锁国的政策，1853 年美国军舰开到了日本港口，日本被迫对外开放，与西方列强签订了许多不平等条约。在这种情况下，日本的有识之士纷纷抨击幕府的封建统治，探求变革社会的强国之路，其中有些知识分子接受了李贽的学说，并以之作为维新变法的思想武器，李贽的思想因此在日本流行起来。受李贽思想影响最深的是明治维新的先驱吉田松阴。

　　吉田松阴（1829～1858），名矩方，字义卿，通称寅次郎，出生于长洲藩的一个下级武士家庭。他从小爱读中国的"四书""五经"，长大后又读了王阳明的《传习录》以及李贽的《焚书》《藏书》等。从李贽的思想中他受到了很大启发。后来他写道："吾曾读王阳明《传习录》，颇觉有味，顷得李氏《焚书》，亦阳明派，言言当心。"他还称赞李贽是"一世奇男子"，并为李贽的思想深深吸引，以至于将《焚书》读了三遍。吉田松阴尤其推崇李贽的"童心说"，他说："顷读李卓吾之文，有趣之事甚多，《童心说》尤妙！"吉田松阴不仅熟读李贽的著作，而且边读边抄写，有时还要撰写评论性的文字，作有《李氏焚书抄》《李氏焚书评》和《李氏藏书抄》等多种抄录和论述李贽著作的作品，这些都收集在他就义那年写作的《己未文稿》中。在阅读和抄写了《藏书》后，吉田松阴对他的门徒高杉晋作说："抄李氏《藏书》，卓吾之论大抵不泄，谁不一读而不与吾拍案叫绝哉！"

　　为推动日本的社会变革，吉田松阴积极宣传变法维新思想，他因此三次被捕，最后一次是1858年，这次他壮烈牺牲，年仅二十九岁。实际上，受李贽生死观的启发，吉田松阴早已将生死置之度外，他在给高杉晋作的信中说："仆去冬年以来，死之一字，大有发明。李氏《焚书》之功为多。

其说甚长，约言之死非可好，亦非可恶，道尽心安，便是死所。世有身死而心死者，有身亡而魂存者。心死，生无益也；魂存，亡无损也。"正是李贽追求精神之不朽的生死观激励着吉田松阴，坚定了他为维新事业奋斗到底的决心，他说："夫卓老七十之老人，犹能如此，况吾甫三十虚龄，安可遣为衰飒老人之态哉！"

在交友问题上，吉田松阴也深受李贽的影响。李贽主张交"胜己之友"，吉田松阴赞同李贽的这一观点，他在《评〈周友山〉》一文中说："李卓吾曰'以良友为生'，甚同余心。"又在《评〈与耿司寇告别〉》一文中讲："卓老可羡，嗟吾唯有求友于古人之一道耳！"

吉田松阴是日本资产阶级革命的先驱，他的思想直接影响了日本的明治维新运动，影响了日本整整一代人，而李贽学说又是他思想的一大源泉。不仅如此，吉田松阴还将李贽的思想直接传授给他的学生和朋友，而他的学生和朋友又大都成为明治维新运动的干将，因此，李贽思想对日本明治维新运动产生了很大影响。

进入 20 世纪，李贽的思想在日本得到更为广泛的传播，很多学者加入研究和传播李贽思想的工作中，其中对李贽思想传播贡献最大的是铃木虎雄、岛田虔次和沟口雄三。

铃木虎雄是日本著名汉学家，早在 20 世纪 20 年代，他就潜心于李贽的研究，在长期搜集有关李贽生平资料的基础上，他于1932年写成《李贽年谱》一书，该书虽然个别地方存在一些失误，但它引证广博，论述详细，是一部相当完备、非常难得的李贽的传记资料，对于日本学术界进一步了解、认识李贽这位杰出的思想家起了重要的作用。该书出版后，很快由朱维之先生翻译成中文，传播到中国，对我国的李贽研究也产生了很大影响。

岛田虔次（1917~2000），是日本著名的中国古代哲学史研究专家，曾任日本京都大学人文科学研究所名誉教授，他于1941年毕业于京都帝国大学文学部，此后便致力于中国文化的传播和研究。他在1949年出版的《中国近代思维的挫折》一书中，第三章专门论述了李贽，对李贽的思想给予了高度评价，认为李贽的思想中"有着敏锐的启蒙家的逻辑，有创造这种逻辑的健康的现实感和最炽热的热情"。他认为李贽提出的"穿衣吃饭即是人伦物理"，"私心"即自我尊严的主张，以及"童心说"等观点，是中国近代思维的一个顶点。他特别推崇李贽提出的"天生一人，必有一人之用，不待取给于孔子而后足矣"的观点，认为这一观点具有革命性的意义。岛田虔次还认为李贽的思想中有着西欧的"近代精神""近代原理"，他说：在李贽的学说中，"伦理从政治中、历史从伦理中基本上被一一区别开来；特别是文学也被承认有其独自的原理和领域。含糊笼统却一直保持着正统主义气氛的、士大夫自豪意识的、牢固的、内在的统一之整体世界，终于被分解的零零散散了……我们也许在这里几乎看到了西欧的所谓'近代精神'、'近代原理'"。岛田虔次还写了《儒教的叛者李贽》一书，于1962年出版。在该书中，岛田虔次对当时中国学术界把李贽划分为唯物的还是唯心的、客观的还是主观的这种评价方法进行了批判。这部书使李贽的思想在普通民众中得到广泛传播，被誉为名著。

沟口雄三是东京大学文学部教授，他长期从事汉学研究，是研究李贽的权威，发表出版了十几篇（部）有关李贽的文章、著作。1971年，他翻译出版了李贽的《焚书》。1980年，他出版了《中国近代思想的曲折和发展》一书，高度评价了李贽的思想，他说："李卓吾对欲的肯定和对私的主张自不待言，就是他提出的不以君主为原点而以民为原点的政治观以及主张理的多样性内涵来看，他都堪称是一位先驱者。"在这部书中，沟口雄三还揭示了顾炎武、王夫之、戴震等清初思想家与李贽思想的继承关系，指出："李卓吾恰好是在'个我'的自立这一志向上，与他们那些继承者是相适应的。"1976年，沟口雄三开始研究明末清初的思想，1984年出版了《李卓吾——正道之异端》，该书前半部分系统论述了李贽思想对吉田松阴思想的影响，后半部分以评传的形式介绍了李贽的生平和思想。此外，他发表的《生活在明末的李卓吾》《李贽——正统之异端》《"孤军"的知己——松阴和李卓吾》等论文，对李贽的性格特征、哲学思想及其影响等方面均有较为系统深刻的论述。

从以上可以看出，日本学者特别重视对李贽的研究，这体现了李贽思想对日本的影响；同时这些研究又进一步扩大了李贽在日本的影响。

李贽思想在新加坡的传播

新加坡是以华人为主的国家，李贽的思想在那里有很大的影响。目前，中国流传下来的李贽的著作，在新加坡几乎都有流传和保存，如《焚书》《藏书》《续焚书》《续藏书》《说书》《九正易因》及批评小说戏曲等书在新加坡都有。此外，新加坡还保存了一批有关李贽事略的书籍，如《泉州府志·李贽传》、孔若谷《卓吾论略》、白东奎《李贽事略》、彭际清《居士录·李卓吾传》、袁中道《李温陵传》、顾亭林《日知录》等等。

20世纪80年代，新加坡出现了研究李贽的热潮，发表了一批传播和研究李贽思想的文章。其中影响较大的有朱飞的《激进话李贽》、陈允洛的《李卓吾集评》、敬贤的《中国文学革命先锋——明末名学者李卓吾》。

在《激进话李贽》一文中，朱飞着重论述了李贽反道统的思想，他指出："他的《焚书》卷二说：'今之讲周、程、张、朱者，可诛也。彼以为周、程、张、朱者，皆口谈道德而心存高官，志在巨富，既已得高官巨富矣，乃讲说仁义自若也。又从而晓晓然语人曰：我欲厉俗而风世，彼谓败俗、伤世者，莫甚于讲周、程、张、朱也。'说得痛快至极，也因此被迫害，而至自杀以终。"作者在文中还赞扬李贽"走在时代前面"，他说："在李卓吾时代，会有这种思想，自是与众不同，但如是'众人皆醉而我独醒，举世皆浊而我独清'，就是反社会行为，不是被视为疯子，就是'左道'，妖言惑众，要被迫害而至于自杀。屈原是这样死的，李贽也是这样死的，许许多多这种人是这样死的。可是这种人的思想，是走在时代前面。"《激进话李贽》的发表，使李贽的思想在新加坡广泛传播开来，更多的人因此而了解和认识了李贽这位杰出的思想家。

陈允洛撰写的《李卓吾集评》在充分占有资料的基础上，较为全面地介绍和评述了李贽及其思想。在文章开头，陈允洛先生就客观地描述了李贽这位"姓名震动全国"的思想家对当时和后世的影响，他说："明代中叶以后，中国学术界有一个人物，姓名震动全国，其言论思想行动，迥异寻常……此人即泉州李卓吾也。卓吾既非高官，无功名事业可道，亦非奸凶，无误国殃民之罪可拟，其姓名能震动全国，诚千古奇谈。卓吾著作甚多，立说卓绝，对于当时及后世文学思想方面影响颇大。其书被毁禁，惟私谈与痛骂者仍有之，后遂沉寂。近代乃复受人注意，翻印遗书，大谈其文学思想。"这篇文章共分为五个部分。第一部分概述了李贽的事迹和经历。第二部分介绍了李贽受"排斥与推崇"的经过，作者指出："李卓吾因受人推崇，被嫉忌者控告入狱而殁，从而攻击之者，自然很多。"作者还通过引用钱谦益、胡适、章太炎等人对李贽的评价，客观地介绍了李贽在不同时期的地位和影响。第三部分，被指的罪名，作者认为李贽虽然因为"对孔孟嬉笑讥评"而获罪，但"他承接阳明学派，所发挥议论，仍是孔孟道理"。第四部分，文学启发的功绩，分析了李贽思想与公安派文学运动以及小说戏曲评点批注风气流行的关系，认为"关于文学方面，其建树与影响力极大"，"公安派的前驱羽翼是李卓吾"。第五部分介绍了李贽的性格，提出"卓吾之名足千秋矣"的论断。

　　敬贤先生的《中国革命先锋——明末名学者李卓吾》，说李贽"是一个富有革命性的思想家、著作家。他有独立自由平等的见解，他要打倒人家向来崇敬的偶像，他揭开了所有假道学的面具，他提倡男女平等婚姻自主，他主张文学要用真性情来写，不要人云亦云，无病呻吟"。该文还称赞李贽说："他的见解，他的言论，确有其不可磨灭之价值在。"对于李贽"不以孔子是非为是非"的观点，敬贤甚为推崇，他说："数千年来，许多书呆子都是'一孔之见'，不问时代如何，对孔子从没有人敢道一个'不'字，他却大胆地教人须以'真理'为归，不必一味迷信孔子。"对于李贽的文学思想，敬贤先生也给予了高度的肯定，他认为胡适在《新青年》发表的《文学改良刍议》中提出的八项主张（须言之有物，不模拟古人，须讲求文法，不作无病呻吟，务去烂词套语，不用典，不讲对仗，不避俗字俗语），其中有好几项李贽在三百年前就明确地提出过。他评价李贽的文学思想说："谈到文学革命，李卓吾确是一位值得钦佩的先知先觉……他在思想史上，文学史上，毕竟占着崇高的地位。"

李贽思想在西方的传播

西方人最早知道李贽应当是通过利玛窦。但是，当时的西方人对于李贽的思想并没有太多的了解。20世纪30年代后，很多学者致力于李贽思想的研究，李贽的思想开始在西方传播，出现了许多研究成果。

1938年至1940年，德国著名汉学家福兰阁先后发表

178

了三篇李贽研究的论文：《李贽》《李贽与利玛窦》《十六世纪中国之思想斗争》。在《十六世纪中国之思想斗争》中，福兰阁认为，李贽是"为思想人格自由作殊死战"的杰出斗士，他以其"致疑于全部孔门伦理且牵动以教立国之言论"，而获得了广大的社会影响。对于李贽的"反孔"，福兰阁也有着深刻的理解，他认为李贽并非反对孔子这个人，而是反对道学家对孔子思想的歪曲，反对意识形态化了的儒家思想。他说："李贽凭借孔子以攻孔门，尝巧证孔子教义多非出自孔子，且有绝对违背仲尼之教者。李贽又谓孔子未尝以万世宗师自命，此但儒家阿谀之言耳。且孔子亦未尝教人学孔子，不然何谓'君子求诸己'哉？己以为善者即善，因不必诉诸孔子也。李贽复以世人于孔子每多过誉，殊失其当，孔子以前亦有贤者，岂亦待孔子之教而后能为贤者邪？孔子未尝自称为独得天下义理之至者，儒者乃以此称孔子，又复以此自称，此李贽所深恶而痛辟者也。"李贽等人的最终目的是跳出儒家意识形态之藩篱，"而融合真纯之孔、释、老三教教义为一"。福兰阁还认为，如果不是满族人入主中原，实行极端残酷的文化专制主义政策，儒家意识形态的统治地位将被打破，他说："若非17世纪中叶满洲皇帝入主中华，又复以政权维护礼统，重压异端，安知政教合一，统不中断耶？然而自此直至20世纪，朱熹仍为中国思想界之宗师矣。"福兰阁的思想是很有见地的，历史事实确实如此：明末，由李贽开创的启蒙思潮激荡着整个华夏大地，对整个社会都产生了广泛深刻的影响，但是清朝确立了在全国的统治地位后，启蒙中断了，程朱理学的统治地位得以恢复。福兰阁对李贽的研究使很多西方学者了解了李贽，对李贽思想在海外的传播产生了很大影响。

在美国，李贽思想的传播最初得益于萧公权先生1938年发表的《李贽：16世纪抨击封建传统的一位思想家》一文。萧公权（1897~1981），早年就读于清华学堂，1920年夏赴美留学，1926年在康奈尔大学取得博士学位后回国，历任南开大学、燕京大学、清华大学教授。1937年抗战爆发后，萧公权先生南下成都，在光华大学、燕京大学、四川大学任教，并兼职于国立编译馆。1948年，被选作中央研究院第一届院士。20世纪40年代末再度赴美，在华盛顿州立大学任教授、名誉教授。1981年在美国去世。萧公权在学术上融贯中西，对中国政治思想史颇有研究，著有《中国政治思想史》。在《李贽：16世纪抨击封建传统的一位思想家》中，萧公权充分肯定了李贽反封建反传统的思想，向西方学者介绍了李贽这位中国杰出的思想家。在70年代末出版的《中国政治思想史》中，萧公权先生又专列一章详细阐述了王阳明和李贽的思想，使李贽的思想在美国得到进一步传播。

　　七八十年代，还有一位美籍华人学者对于李贽思想在美国的传播起过重要作用，他就是华盛顿大学的陈学霖教授。陈学霖系统收集了 20 世纪以来中国学术界研究李贽的论文目录，编写了《李贽研究资料（1907—1977）》《李贽研究资料（1974—1978）补》，先后刊载于 1978 年美国《明史研究》第六期、第七期上。1980 年，陈学霖教授又出版了《当代中国史学中的李贽》一书。这是一部研究李贽的工具书，全书分为三部分：第一部分是序言和导论，包括美国著名学者牟复礼的一篇序言及作者的自序，系统论述了李贽研究与当代政治社会思潮之间的密切关系；第二部分由六篇文章的英译及注释组成，如《介绍李贽的一部重要著作：〈明刻本史纲评要〉》《跋上海博物馆所藏李贽手迹》《李贽的家世、故居及其妻墓碑——介绍新发现的有关李贽的文物》等；第三部分介绍了李贽著作的存佚情况，编录了 20 世纪研究李贽的详细书目。陈学霖教授在介绍李贽著作存佚情况时，不仅参考了中外各大图书馆藏书目录的著录，而且亲自查校比对，还列出储藏之处，为研究者进一步查考提供了便利。

　　1980 年，纽约州立大学的黄仁宇教授撰写的《万历十五年》一书出版，该书第七章以"李贽——自相冲突的哲学家"为题，用了近三万字的篇幅对李贽的思想作了较为系统的阐述。这部书在对李贽著作的解读上存在很多偏差和错误，因此影响了对李贽思想的理解和阐释。但是，黄仁宇先生以流畅的语言，雅俗共赏的历史书写方式，使普通大众初步了解了明代社会，了解了李贽及其思想。《万历十五年》还被翻译成德文、法文、日文、中文等多国文字。1988年，黄仁宇又在牟复礼、崔瑞德主编的《剑桥中国明代史》中对李贽的思想作了重点论述，对李贽的反传统思想给予了充分肯定。他评价李贽说："李贽，一般被认为是这个时代最杰出的反对传统思想的人，提出了一个前所未有的建议。包含在当时的社会准则内的对个人自由的限制，仍然应当适用于普通群众，但有异常才能的男人和女人，当他们的成就比他们对准则的违反更有价值时，应当不受传统要求的限制……李贽是王阳明的心学学派的追随者……在一个法学不发达而哲学说教至高无上的时代，李贽提出，包含在有关法令的法律中的传统行为准则可以被思想认识取而代之，因而迈出了更远的一步。由于这种观点含蓄地怀疑道德律的超越地位，李贽因拥护这种不符合传统规范的思想则不得不死于狱中。"黄仁宇虽然对李贽思想的理解和把握不够全面，也缺乏深度，但是他却肯定了李贽思想的积极意义，促进了李贽思想在西方的传播。

李贽思想在海外的广泛传播，充分说明了李贽不仅是中国历史上杰出的思想家，他在世界思想史上也占有重要的地位。

附录

年　　谱

1527年（嘉靖六年）　十月二十三，生于福建泉州府晋江县。

1533年（嘉靖十二年）　随父白斋公读书。

1538年（嘉靖十七年）　李贽作《老农老圃论》，不满于孔子对学生樊迟问农事的指责。

1540年（嘉靖十九年）　改治《尚书》，原来治《易》和《礼》。

1542年（嘉靖二十一年）　入府学读书。

1546年（嘉靖二十五年）　开始出外谋生。

1547年（嘉靖二十六年）　娶黄氏。

1552年（嘉靖三十一年）　参加福建乡试，中举。

1555年（嘉靖三十四年）　开始做官，任河南辉县教谕。年内长子死。

1560年（嘉靖三十九年）　南京国子监任教，上任数月，父亡，回乡守制。

1563年（嘉靖四十二年） 在北京假馆授徒，等候官缺。

1564年（嘉靖四十三年） 任北京国子监博士。未几，祖父竹轩公去世，次子亡，安置妻女于辉县后回乡守制。这一年，李贽留在辉县的二女儿、三女儿相继死于灾荒。

1566年（嘉靖四十五年） 夏，安葬祖父后回到河南辉县。秋末冬初，携妻女到达北京，补礼部司务。

1570年（隆庆四年） 王阳明的再传弟子、刑部主事李材在京师讲学，李贽与其相识，并经常在一起讨论学问；改任南京刑部主事，并结识了焦竑。

1571年（隆庆五年） 结识了南京户部郎中方沆、南京兵部车驾司主事管志道。

1572年（隆庆六年） 耿定理来南京，与李贽、焦竑等探讨学问。

1574年（万历二年） 潘士藻、祝世禄到南京拜访李贽；冬天写成《老子解》（又称《解老》）一卷。

1575年（万历三年） 续成《老子解》二卷。

1576年（万历四年） 升任刑部郎中。

1577年（万历五年） 由南京刑部郎中升为云南姚安知府，在赴任途中，专程去湖北黄安拜见耿定向、耿定理兄弟，将女儿、女婿托付给耿家后前往姚安赴任。

1578年（万历六年） 结识新任云南金都御史分巡洱海道的
　　　　顾养谦，两人情趣相投。

1580年（万历八年） 三月，离任期满还差几个月，就向巡
　　　　按刘维请求辞官，七月正式离任，后遍游滇中山水。

1581年（万历九年） 初夏到达黄安，住在五云山耿氏的天
　　　　窝书院，结识了周思敬、周思久、无念等人。

1582年（万历十年） 写成《庄子解》。

1583年（万历十一年） 王畿（号龙溪）去世，李贽设位祭
　　　　奠，并作《王龙溪先生告文》。

1584年（万历十二年） 七月二十三，耿定理去世，李贽作
　　　　《哭耿子庸》诗四首；八月，耿定向升为都察院左副都
　　　　御史，他屡次写信责怪李贽，李贽予以辩驳，耿李论
　　　　战从此开始并公开化。

1585年（万历十三年） 三月，李贽将妻女等家属打发回泉
　　　　州老家，离开耿家，只身移居麻城，住进了维摩庵中。

1586年（万历十四年） 夏，友人邓石阳的儿子邓应祈（号
　　　　鼎石）来麻城任县令，给李贽送来礼帖，李贽回以名
　　　　帖，自称"流寓客子"；耿李论战激化。

1588年（万历十六年） 初次与服丧居家（麻城）的梅国桢
　　　　相会；春夏间，完成《藏书》初稿，派人送给南京的
　　　　焦竑审阅并请他写序；初夏，在维摩庵落发；闰六月初

三，其妻黄氏死于泉州，年五十六岁，七月中下旬李
赞闻讣，作《哭黄宜人》六首，《忆黄宜人》二首；秋，
迁居距县城三十里外的龙潭湖。

1590年（万历十八年）《焚书》在麻城刊刻。

1591年（万历十九年）春，袁宏道从公安来到龙湖问学于
李赞，留住三个多月。

1592年（万历二十年）继续寓居武昌，会见袁中道，批点
《水浒传》，作《童心说》一文。

1593年（万历二十一年）五月，"三袁"等来访；九月，
在好友衡州同知沈铁等的调停下，李赞到黄安与耿定
向和解。

1594年（万历二十二年）汪本钶来龙湖问学于李赞。

1595年（万历二十三年）李赞作《耿楚倥先生传》，其中
谈到与耿定向冲突及和解的始末。

1596年（万历二十四年）二月，从黄安回龙湖，作《读书
乐》和《豫约》；九月，应刘东星之邀到山西沁水。

1597年（万历二十五年）著成《明灯道古录》；春夏之间，
应梅国桢之邀赴大同；在大同期间，著成《孙子参同》
一书；八月，离开大同，由刘用相等人陪同前往北京。
路经通州时，结识马时叙、马经纶父子，九月九日到
达北京，寓居西山极乐寺。

1598年（万历二十六年） 正月初一，外出拜年，结识董其昌；春，与焦竑联舟南下，同往南京，舟中选录志怪小说《睽车志》（宋朝郭象著，五卷），又将自己的一些零星著作结集成书，取名《老人行》；夏初，抵南京，寓居永庆寺，杨起元的弟子余永宁、吴世征前来问学，并将李贽讲学的内容结成《永庆答问》一书；七八月间，撰成《坡公年谱》。

1599年（万历二十七年） 夏，两次会见利玛窦；七月，在焦竑的帮助下，《藏书》在南京刊刻，焦竑、刘东星、梅国桢、祝世禄、方时化、耿定力等都为之写序；开始撰写《续藏书》。

1600年（万历二十八年） 春，开始编写《阳明先生道学钞》和《阳明先生年谱》；河漕总督刘东星巡河到南京，接李贽去山东济宁，李贽在济宁期间完成《阳明先生道学钞》和《阳明先生年谱》；初夏，在济宁与利玛窦第三次会见；夏，李贽批点的《坡仙集》由焦竑在南京刊行；夏秋间，回到湖北麻城，湖广按察金事冯应京授意烧毁了芝佛院和李贽的藏骨塔，并驱逐李贽，李贽避难于黄檗山，撰写了《圣教小引》一文。

1601年（万历二十九年） 二月，与马经纶同往通州，四月到达通州；撰成《续藏书》。

1602年（万历三十年）正月起卧病，病中著成《九正易
　　因》；二月初五，写《遗言》与僧徒；闰二月二十二，
　　礼科都给事中张问达疏劾李贽，李贽被逮入狱；三月
　　十六，在狱中自刎，马经纶依照遗言将其安葬在通州
　　北门外马氏庄迎佛寺侧。

主 要 著 作

李贽著述甚丰，从当时的各种记载看，仅刊行的就有上
百种，而且据焦竑所述，这还只是他全部著作的十之三四。
目前，我们所能见到的署名"李贽"的著作也有数十种，但
其中有些已经确定是伪书，有些是否为李贽所作，还有待考
证。附录中，我们仅收录流传到现在，而且确为李贽所作的
书目。

（一）著作类

《焚书》六卷。收录了李贽所写的论学的书信、杂著、
史论、诗歌等。最早于明万历十八年（1590）在麻城刊
刻，又有万历二十八年（1600）苏州陈证圣序刊本，明天
启年间吴兴闵氏朱墨套印本，清光绪三十四年（1908）上
海国学保存会《国粹丛书》第一辑排印本，民国二十五年

（1936）上海杂志公司印张氏贝叶山房《中国文学珍藏本丛书》第一辑排印本，1961年中华书局排印本，1974年中华书局线装本，1975年中华书局《焚书》《续焚书》合订本。

《藏书》六十八卷。最早于万历二十七年（1599）在金陵（今南京）刊刻（中国国家图书馆有藏本），又有万历二十九年金陵刊本（福建师大图书馆藏），天启元年（1621）江苏长洲县陈仁锡阅帆堂刊本（北京师范大学图书馆藏），1951年、1959年、1962年、1974年中华书局排印本。

《易因》。明万历二十八年（1600）南京陈邦泰刊本，万历三十五年张国祥刻《续道藏》本。

《九正易因》。中国科学院图书馆藏有钞本，分订八册，上、下卷，是目前国内仅存的孤本。

《道古录》二卷。刘用相、刘用健辑。又名《明灯道古录》，明万历二十四年刘东星序，万卷楼刊本，曾收入《李氏丛书》中。本书是一部问学记录，对《大学》《中庸》进行了阐释和评论。

《李氏续焚书》五卷。汪本钶辑录。有万历四十六年（1618）安徽新安汪氏虹玉斋刊本，1959年、1961年中华书局排印本，1974年中华书局线装本，1975年中华书局《焚书》《续焚书》合订本。该书有焦竑、张鼐的序。

《续藏书》二十七卷。是李贽晚年撰写的一部专记明初至万历年间各类人物的传记体断代史。最早于万历二十九年（1611）由金陵王惟俨刊刻（中国国家图书馆、福建师范大学图书馆有藏本），又有万历四十六年（1618）安徽新安汪氏虹玉斋刻刊本，万历年间安徽歙县江绍前刊本（具体刊刻年代不详），天启三年（1623）陈仁锡评刊本（北京师范大学图书馆藏），有1959年、1960年、1974年中华书局排印本。

《李卓吾先生遗书》二卷，附录一卷。又名《李氏遗书》，万历四十六年（1618）由金陵书坊陈大来继志斋刊刻（福建省博物馆有藏本）。上卷收书答，下卷收杂述和诗，附录收悼念李贽的诗文、袁中道的《李温陵传》以及马经纶为援救李贽而写给有关官员的信。

《李氏六书》六卷。焦竑评点。包括《历朝藏书》一卷、《皇明藏书》一卷、《焚书书答》一卷、《焚书杂述》一卷、《丛书汇》一卷、《说书》一卷，万历四十五年（1617）由书坊痴嗜轩刻印刊行，北京大学图书馆有藏本。

《李氏丛书》十二种，二十三卷。明崇祯年间燕超堂刻本，包括《道古录》二卷、《心经提纲》一卷、《观音问》一卷、《老子解》二卷、《庄子解》二卷、《孙子参同》三卷，《墨子批选》二卷、《因果录》三卷、《净土诀》一卷、《暗然录最》四卷，《三教品》一卷、《永庆问答》一卷，北京大学图书馆有藏本。

《李卓吾尺牍全稿》（附录李卓吾诗全稿及杂述九篇）。1935年4月上海南强书局排印本，厦门大学图书馆有藏本。

（二）辑评类

《初潭集》三十卷。该书取材于南朝刘义庆的《世说新语》和焦竑的《焦氏类林》。李贽把两书的有关材料重新编排和分类，通过批点、评论来阐发自己的思想。有明万历间刊本（中国国家图书馆、北京师范大学图书馆和厦门大学图书馆有藏本），1974年中华书局排印本。

《老子解》二卷，《庄子内篇解》三卷。明刊本（中国国家图书馆藏）。

《孙子参同》四卷。王世贞、袁黄批注。明万历四十八年（1620）吴兴闵氏朱墨刊本，中国国家图书馆《七子参同》中收有该书。

《坡仙集》十六卷。苏轼著，李贽选批。明万历二十八年（1600）焦竑刊本（中国国家图书馆、福建师范大学图书馆、厦门大学图书馆有藏本）。

《李卓吾先生读升庵集》二十卷。杨慎撰，李贽评选。即《读升庵集》，明万历二十八年（1600）金陵书坊陈大来继志斋刊本（北京大学图书馆、福建师范大学图书馆有藏本）。

《龙溪王先生文录钞》九卷。王畿撰，李贽选评。明万历二十七年（1599）何继高刊本（北京大学图书馆有藏本）。

《阳明先生道学钞》八卷（附《阳明先生年谱》二卷）。王守仁撰，李贽选评。万历三十七年（1609）杭州书坊继锦堂刊本（中国国家图书馆藏），又有清道光六年（1826）重刊本。